Kartoffeln

ZABERT SANDMANN

Inhalt

Die tolle Knolle
Allroundtalent in rauer Schale

Sie heißen Laura, Sieglinde, Rosella oder Nicola – die Rede ist nicht von Models auf dem Laufsteg, sondern von Kartoffelsorten. Lange Zeit führten die von außen eher unscheinbaren Knollen ein Schattendasein als Beilage zum Sonntagsbraten. Dabei sind die Allroundtalente so unglaublich wandelbar, dass man aus ihnen fast alles machen kann – vorausgesetzt, man nimmt die richtige Sorte: Festkochende Kartoffeln wie Cilena, Selma oder Nicola sind nach dem Garen feinkörnig und feucht und fallen beim Schneiden nicht auseinander. Sie sind deshalb perfekt geeignet für Salate, Salz-, Pell- oder Bratkartoffeln und Puffer. Am häufigsten werden vorwiegend festkochende Sorten angebaut. Sie sind in der Küche universell einsetzbar und eignen sich sowohl für Salz-, Ofen- und Bratkartoffeln als auch für Gratins, Rösti und zum Grillen. Zu ihnen gehören Leyla, Agria und Satina. Für cremige Pürees, Klöße oder Suppen verwendet man mehlig kochende Kartoffeln. Sie sind nach dem Garen etwas trocken, da sie den höchsten Stärkeanteil besitzen. Mit gerade mal 72 kcal pro 100 g ist die Kartoffel zu Unrecht als Dickmacher verschrien und darf deshalb ruhig öfter heiß dampfend auf die Teller!

1

KARTOFFELSORTEN (links) unterscheiden sich nicht nur hinsichtlich ihrer Kocheigenschaften, sondern auch in Größe und Form sowie in der Farbe von Schale und Fruchtfleisch.

1 **TRÜFFELKARTOFFELN** (Vitelotte noir) sind eine sehr edle Kartoffelsorte mit blauer Schale und Fruchtfleisch. Diese Kartoffeln immer mit Schale kochen, damit sie ihr edles Nussaroma und ihre außergewöhnliche Farbe behalten. Am besten auf einem Salzbett im Ofen zubereiten.

2 **SÜSSKARTOFFELN** werden vor allem in den Tropen und Subtropen angebaut und haben ähnliche Kocheigenschaften wie unsere Kartoffel. Durch ihren hohen Zuckergehalt schmecken sie süßlich.

3 **SALZ** gehört zum Kochen von Kartoffeln einfach dazu. Pellkartoffeln, Pommes frites und Co. wären ohne Salz nur halb so lecker, denn es intensiviert den Eigengeschmack von Lebensmitteln. Eine besondere Delikatesse sind in Meersalz gebackene Kartoffeln aus dem Ofen.

4 **GOUDA** und Gruyère sind Käsesorten, die sich gut reiben lassen und leicht schmelzen. Sie überbacken Kartoffelgerichte perfekt, geben ihnen eine schöne Kruste und sorgen für die nötige Würze.

5 **ZWIEBELN** sind mit ihrem scharfen, beißenden Geschmack perfekte Begleiter für die milden Erdäpfel. Sie sorgen z. B. in Bratkartoffeln oder Reibekuchen für das gewisse Etwas.

6 **MAYONNAISE** und Ketchup – zu Pommes frites und würzig gebackenen Kartoffelecken einfach unerlässlich. Am besten selbst gemacht!

BAMBERGER HÖRNCHEN sind eine Spezialität aus Franken. Diese späte Kartoffelsorte ist festkochend und hat eine längliche hörnchenartige Form. Sie überzeugt Feinschmecker mit ihrem aromatischen Fruchtfleisch.

BUTTER hat gegenüber anderen Speisefetten einen entscheidenden Vorteil: den unverwechselbaren Geschmack. Deshalb gehört sie in Pürees und ist wohl die beliebteste Beigabe zu Salzkartoffeln.

GEMÜSE wie Zucchini, Karotten, Fenchel und Auberginen machen sich nicht nur in Kartoffelpfannen gut, sondern auch in Aufläufen und Gratins.

KÜMMEL ist ein beliebter Begleiter zu Kartoffeln. Das klassische Gewürz macht schwere Speisen leichter bekömmlich – deshalb sind z. B. Kümmelkartoffeln als Beilage zu gehaltvollen Braten und Fleischgerichten eine gute Wahl.

MUSKATNUSS darf bei vielen Kartoffelgerichten nicht fehlen. Das Gewürz entfaltet erst beim Reiben sein volles Aroma. Deshalb ganze Nüsse verwenden und sparsam dosiert würzen.

SPECK ist das Fettgewebe mit Schwarte, das direkt unter der Haut des Schweins liegt. Er wird frisch, gepökelt und luftgetrocknet oder geräuchert angeboten. Speck passt mit seinem würzigen Geschmack besonders gut zu Bratkartoffeln.

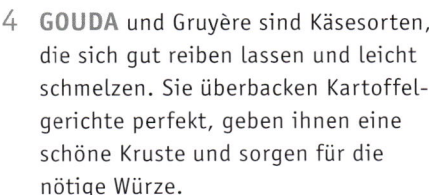

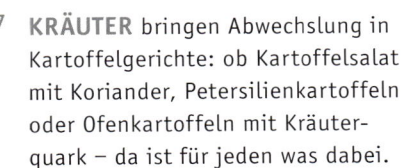

7 **KRÄUTER** bringen Abwechslung in Kartoffelgerichte: ob Kartoffelsalat mit Koriander, Petersilienkartoffeln oder Ofenkartoffeln mit Kräuterquark – da ist für jeden was dabei.

Step by Step
Die wichtigsten Kartoffel-Basics

Speisekartoffeln sollten beim Einkauf eine glatte, unbeschädigte Schale haben. Kartoffeln, die bereits angekeimt, grün, faulig oder gar beschädigt sind, besser links liegen lassen. Zu Hause angekommen, müssen Erdäpfel, die in Folien verschweißt sind, sofort raus aus der Verpackung. Am besten lagert man Kartoffeln an einem kühlen, dunklen und luftigen Ort. Kleine Mengen können auch im Gemüsefach des Kühlschranks untergebracht werden. Wenn sich grüne Stellen und Keime gebildet haben, sollte man diese vor dem Kochen unbe-

dingt großzügig entfernen, denn sie enthalten das giftige Solanin. Die meisten Nährstoffe sitzen direkt unter der Schale – die Knollen deshalb am besten gar nicht erst schälen, sondern abbürsten, waschen und in der Schale garen. Bei Biokartoffeln kann man sich das lästige Pellen nach dem Garen sparen und die Schale gleich mitessen. Wer auf Salzkartoffeln nicht verzichten möchte, sollte die Erdäpfel erst kurz vor dem Garen schälen und zum Kochen nicht zu viel Wasser verwenden – so bleiben Vitamine und Mineralstoffe weitgehend erhalten!

Kartoffelknödel

1 1 kg mehlig kochende Kartoffeln schälen, waschen und in kochendem Salzwasser weich garen.

2 Zwei Scheiben Weißbrot entrinden und in Würfel schneiden. In einer Pfanne in 1 EL Butterschmalz anrösten und mit Salz würzen.

3 Die Kartoffeln abgießen, ausdampfen lassen und möglichst heiß durch die Kartoffelpresse in eine Schüssel drücken.

4 Ein Ei, 100 g Mehl, etwas Salz und 1 Prise frisch geriebene Muskatnuss mit einem Kochlöffel unter die warme Kartoffelmasse rühren.

5 Den Teig sofort mit den Händen zu Knödeln formen, dabei mit den gerösteten Brotwürfeln füllen.

6 Die Knödel in kochendes Salzwasser geben und bei schwacher Hitze etwa 15 Minuten gar ziehen lassen.

Gnocchi

1 Mehlig kochende Kartoffeln in der Schale garen, ausdampfen lassen, pellen und möglichst heiß durch die Kartoffelpresse in eine Schüssel drücken.

2 Kartoffelmasse mit Mehl, Eigelben, Salz, Pfeffer und Muskatnuss zu einem glatten, elastischen Teig verkneten. Auf der Arbeitsfläche zu fingerdicken Rollen formen.

3 Die Rollen in Stücke schneiden und mit dem Gabelrücken Rillen eindrücken.

4 In einem Topf Salzwasser zum Kochen bringen und die Gnocchi darin 3 bis 4 Minuten gar ziehen lassen, bis sie an der Oberfläche schwimmen.

Bratkartoffeln

1 Gegarte festkochende Kartoffeln in Scheiben schneiden und in 2 EL heißem Butterschmalz und 1 EL Öl bei starker Hitze etwa 8 Minuten goldbraun braten.

2 Die Hitze reduzieren. Zwei Zwiebeln in Streifen schneiden, dazugeben und 5 Minuten mitbraten. Die Bratkartoffeln mit Salz und Pfeffer würzen.

Pommes frites

1 Große festkochende Kartoffeln schälen und in fingerdicke Stifte schneiden.

2 Die Kartoffelstifte in einer Schüssel in kaltem Wasser waschen, um die Stärke zu entfernen. Abgießen, abtropfen lassen und mit Küchenpapier gut trocken tupfen.

3 In einem Topf oder der Fritteuse reichlich Öl so stark erhitzen (ca. 170 °C), bis an einem hineingehaltenen Holzstäbchen Bläschen aufsteigen.

4 Pommes im Öl zunächst portionsweise hell frittieren. Abtropfen lassen. Abgekühlte Pommes frites erneut goldbraun frittieren, abtropfen lassen und mit Salz würzen.

Suppen
& Salate

Kartoffelschaumsuppe
mit Kräutercroûtons

*Gegensätze ziehen sich an: Die cremige Schaumsuppe und
knusprig gebratene Croûtons geben hier ein köstliches Paar ab*

Zutaten

Für die Suppe:

300 g mehlig kochende
Kartoffeln

½ Zwiebel

1 Knoblauchzehe

1 Bund Suppengemüse

1 l Gemüsebrühe

1 Lorbeerblatt

1 TL Korianderkörner · Salz

3 Frühlingszwiebeln

1 EL Butter · 1 Ei

Cayennepfeffer

frisch geriebene Muskatnuss

etwas Balsamicocreme

150–200 g Sahne

Für die Croûtons:

3 Scheiben Toastbrot

50 g Kräuterbutter

Zubereitung

FÜR 4 PERSONEN

1 Für die Suppe die Kartoffeln gut abbürsten, waschen und schälen, die Schalen beiseitelegen. Die Zwiebel und den Knoblauch schälen und beides halbieren. Das Suppengemüse putzen, waschen bzw. schälen und klein schneiden.

2 Die Kartoffelschalen mit der Brühe, der Zwiebel, dem Knoblauch und dem Suppengemüse in einen Topf geben. Lorbeerblatt, Korianderkörner und 1 Prise Salz hinzufügen und alles zugedeckt etwa 20 Minuten kochen.

3 Inzwischen die Kartoffeln in Würfel schneiden. Die Frühlingszwiebeln putzen und waschen. Den dunkelgrünen Teil für die Deko beiseitelegen, das Weiße in feine Ringe schneiden.

4 Die Butter in einem Topf erhitzen und die Kartoffelwürfel und die Frühlingszwiebelringe darin andünsten. Die Kartoffelschalenbrühe durch ein Sieb dazugießen, zum Kochen bringen und die Kartoffeln zugedeckt etwa 20 Minuten weich garen.

5 Die Suppe mit dem Stabmixer pürieren. Das Ei in einem hohen Rührbecher mit 1 Schöpflöffel Suppe schaumig aufschlagen, noch etwas Suppe hinzufügen und weiterschlagen. Dann zur restlichen Suppe in den Topf gießen und erhitzen, aber nicht mehr kochen lassen.

6 Für die Croûtons das Toastbrot entrinden und in Würfel schneiden. Die Kräuterbutter in einer Pfanne erhitzen und die Brotwürfel darin rundum goldbraun rösten.

7 Die Suppe mit Salz, Cayennepfeffer, Muskatnuss und Balsamicocreme abschmecken. Zum Servieren die Sahne halbsteif schlagen und unterziehen. Das Frühlingszwiebelgrün in feine Streifen schneiden. Die Kartoffelschaumsuppe in tiefen Tellern anrichten und mit den Kräutercroûtons und dem Zwiebelgrün bestreut servieren.

Kartoffelsuppe
mit Gorgonzola

Ménage-à-trois: Mit würzigem Gorgonzola und spritzigem Weißwein
werden Kartoffeln hier vom Kellerkind zum Küchenstar

Zutaten

200 g mehlig kochende
Kartoffeln

1 Schalotte

2 EL Butter

100 ml trockener Weißwein

350 ml Gemüsebrühe

½ Bund Schnittlauch

125 g Sahne-Gorgonzola

Salz · Pfeffer aus der Mühle

2 kleine Scheiben Baguette

Zubereitung

FÜR 2 PERSONEN

1 Die Kartoffeln schälen, waschen und in Würfel schneiden. Die Schalotte schälen und in feine Würfel schneiden. In einem Topf 1 EL Butter erhitzen und die Schalottenwürfel darin glasig dünsten. Die Kartoffeln hinzufügen und kurz mitdünsten. Den Wein und die Brühe dazugießen und zugedeckt etwa 20 Minuten köcheln lassen, bis die Kartoffeln weich sind.

2 Inzwischen den Schnittlauch waschen, trocken schütteln und in feine Röllchen schneiden. Den Käse klein schneiden.

3 Den Topf vom Herd nehmen und die Suppe mit dem Stabmixer pürieren. Den Käse zur Suppe geben und darin bei schwacher Hitze unter Rühren schmelzen lassen. Die Kartoffelsuppe mit Salz und Pfeffer würzen, die Schnittlauchröllchen unterrühren.

4 Die restliche Butter in einer Pfanne erhitzen und die Baguettescheiben darin von beiden Seiten goldbraun rösten. Die Suppe in tiefen Tellern oder Schälchen anrichten und mit dem gerösteten Baguette servieren.

Tipp

Für Suppen und Eintöpfe eignen sich besonders mehlig kochende Kartoffelsorten wie z. B. Afra. Sie haben einen höheren Stärkegehalt als festkochende Sorten und zerfallen beim Kochen leicht.

Vichyssoise
mit Lauch und Petersilie

Zutaten

300 g mehlig kochende
Kartoffeln

2 Stangen Lauch

1 Zwiebel

2 Knoblauchzehen

1 EL Butter

Salz

weißer Pfeffer aus der Mühle

frisch geriebene Muskatnuss

$1/2$–$3/4$ l Hühnerbrühe

$1/2$ l Milch

250 g Sahne

gehackte Petersilie
zum Bestreuen

Zubereitung

FÜR 4 PERSONEN

1 Die Kartoffeln schälen, waschen und in Würfel
schneiden. Den Lauch putzen, waschen und den
weißen Teil in Ringe schneiden. Das Grün ander-
weitig verwenden. Die Zwiebel und den Knoblauch schälen und in feine Würfel schneiden.

2 Die Butter in einem Topf erhitzen und die Zwie-
bel- und Knoblauchwürfel darin andünsten. Die
Kartoffeln und den Lauch hinzufügen und mit
Salz, Pfeffer und Muskatnuss würzen.

3 Etwa $1/2$ l Brühe und die Milch dazugießen und
alles zugedeckt etwa 20 Minuten köcheln lassen, bis das Gemüse weich ist.

4 Die Suppe mit dem Stabmixer pürieren, die
Sahne hinzufügen und nochmals aufkochen.
Die Suppe sollte eine dickflüssige Konsistenz
haben, falls nötig, noch etwas Brühe dazugießen. Die Kartoffel-Lauch-Suppe abschmecken,
abkühlen lassen und mit Petersilie bestreut
kalt servieren. Nach Belieben geröstete Weiß-
brotstangen dazu reichen.

Kartoffelsuppe
mit Gemüse und Speck

Zutaten

2 Bund Suppengemüse

1 kg vorwiegend festkochende
Kartoffeln

250 g durchwachsener Speck

1 EL Öl

½ TL ganzer Kümmel

1 TL getrockneter Majoran

1 ½ l Rinder- oder Gemüsebrühe

Salz · Pfeffer aus der Mühle

frisch geriebene Muskatnuss

100 g Kräuterbutter

Zubereitung

FÜR 4–6 PERSONEN

1 Das Suppengemüse putzen, waschen bzw. schälen und in 1 cm große Würfel schneiden. Die
Kartoffeln schälen, waschen und ebenfalls in
1 cm große Würfel schneiden. Die Schwarte
vom Speck schneiden und beiseitelegen, den
Speck in kleine Würfel schneiden.

2 Das Öl in einem großen Topf erhitzen und den
Speck darin knusprig braten, herausnehmen
und beiseitestellen. Das Suppengemüse mit
Kümmel und Majoran in den Topf geben und
im verbliebenen Fett 5 Minuten dünsten.

3 Die Kartoffeln und die Speckschwarte hinzufügen, die Brühe dazugießen und alles 20 bis
25 Minuten köcheln lassen, bis das Gemüse
zwar weich ist, aber noch etwas Biss hat.

4 Die Speckschwarte entfernen. Die Hälfte des
Gemüses herausnehmen und die verbliebene
Suppe mit dem Kartoffelstampfer zerdrücken
oder mit dem Stabmixer pürieren. Das Gemüse
wieder in den Topf geben und alles mit Salz,
Pfeffer und Muskatnuss würzen. Die Suppe
nochmals erhitzen und in tiefen Tellern oder
Schälchen anrichten. Den Speck und kleine
Stückchen Kräuterbutter darauf verteilen.

Kartoffelsuppe
mit Jakobsmuscheln

Das schmeckt nach Meer: Wenn Sie Ihre Gäste mit dieser
edlen Suppe überraschen, werden Sie garantiert Lob angeln

Zutaten

600 g mehlig kochende
Kartoffeln · Salz

300 g festkochende Kartoffeln

1 Ei

3 Frühlingszwiebeln

18 ausgelöste Jakobsmuscheln

1,2 l Hühnerbrühe

¼ l Sekt

1 TL scharfes Currypulver

Pfeffer aus der Mühle

Erdnussöl zum Frittieren

50 g Butter

1 TL mildes Currypulver

Zubereitung

FÜR 6 PERSONEN

1 Die mehlig kochenden Kartoffeln schälen, waschen und in grobe Würfel schneiden. Die Kartoffelwürfel in kochendem Salzwasser etwa 20 Minuten weich garen. Abgießen und etwas abkühlen lassen.

2 Die festkochenden Kartoffeln schälen, waschen und in sehr feine Streifen schneiden (Kartoffelstroh). Die Kartoffelstreifen in einer Schüssel mit dem Ei und etwas Salz mischen. Die Frühlingszwiebeln putzen, waschen und in 2 bis 3 cm lange Stücke schneiden. Die Jakobsmuscheln waschen und mit Küchenpapier trocken tupfen.

3 Die Brühe in einem großen Topf erhitzen. Die mehlig kochenden Kartoffeln durch die Kartoffelpresse drücken und den Kartoffelschnee nach und nach mit dem Schneebesen in die Brühe rühren, sodass eine sämige Suppe entsteht. Den Sekt dazugießen, das scharfe Currypulver hinzufügen, nochmals umrühren und aufkochen lassen. Die Hitze reduzieren und die Suppe mit Salz und Pfeffer würzen.

4 Den Backofen auf 150 °C vorheizen. Das Erdnussöl in einem Topf erhitzen und das Kartoffelstroh darin portionsweise zu Kartoffelnetzen frittieren. Mit dem Schaumlöffel herausnehmen, auf ein mit Küchenpapier ausgelegtes Backblech geben und im vorgeheizten Ofen warm halten.

5 Die Hälfte der Butter in einer Pfanne erhitzen und die Jakobsmuscheln darin 2 bis 3 Minuten von beiden Seiten anbraten. Mit Salz und Pfeffer würzen, herausnehmen und warm stellen. Die restliche Butter in die Pfanne geben, das milde Currypulver dazugeben und unter Rühren kurz erhitzen.

6 Die Suppe in tiefen Tellern oder Suppentassen anrichten, jeweils ein Kartoffelnetz in die Mitte setzen, die Frühlingszwiebeln darauf verteilen und je 3 Jakobsmuscheln daraufgeben. Mit etwas Currybutter beträufelt servieren.

Kartoffelsuppe
mit Garnelen und Weißwein

Edel verpflichtet: Diese Suppe aus selbst gemachtem Fond und feinsten Zutaten löffeln sogar verwöhnte Feinschmecker gern aus

Zutaten

400 g mehlig kochende
Kartoffeln · Salz

6 Riesengarnelen

5 EL Olivenöl

1 kleine Zwiebel

2 TL Tomatenmark

100 ml trockener Weißwein

ca. 600 ml Gemüsebrühe

½ kleine Knoblauchzehe

3 Basilikumstiele

Pfeffer aus der Mühle

Zubereitung
FÜR 2 PERSONEN

1 Die Kartoffeln waschen und in der Schale in kochendem Salzwasser weich garen. Abgießen, ausdampfen lassen und noch heiß pellen. Die Garnelen schälen, die Schalen waschen und gut abtropfen lassen. Die Garnelen am Rücken entlang einschneiden und den dunklen Darm entfernen. Die Garnelen waschen, trocken tupfen und in kleine Würfel schneiden.

2 Die Garnelenschalen in 1 EL Olivenöl in einem Topf rösten. Die Zwiebel schälen, in Würfel schneiden, zu den Garnelenschalen geben und kurz mitdünsten. Das Tomatenmark dazugeben und ebenfalls kurz mitrösten, bis sich Röststoffe am Topfboden gebildet haben. Mit dem Wein ablöschen und 200 ml Brühe dazugießen.

3 Den Knoblauch schälen und zur Brühe geben. Das Basilikum waschen und trocken schütteln, die Blätter von den Stielen zupfen. Die Stiele in den Garnelenfond geben. Den Fond aufkochen und zugedeckt etwa 15 Minuten leicht köcheln lassen.

4 Den Fond durch ein Sieb gießen, dabei die Masse im Sieb gut ausdrücken. Den Fond erneut aufkochen, 2 EL Olivenöl dazugeben und mit dem Stabmixer pürieren. Die Garnelenwürfel in den noch heißen, aber nicht mehr kochenden Fond geben, einmal umrühren und gar ziehen lassen.

5 Die restliche Gemüsebrühe erwärmen. Die Kartoffeln durch die Kartoffelpresse in einen Topf drücken, die heiße Brühe dazugießen und das restliche Olivenöl dazugeben. Mit dem Stabmixer pürieren, dabei, falls nötig, noch etwas Brühe hinzufügen. Die Suppe unter Rühren erwärmen und mit Salz und Pfeffer würzen. Die Basilikumblätter fein schneiden, untermischen und die Suppe in Gläsern anrichten. Die Garnelen mit etwas Sud auf die Kartoffelsuppe geben. Nach Belieben mit Basilikum und gerösteten Brotscheiben garnieren.

Kartoffelsuppe
mit Safran und Kaviar

Zutaten

1 kg mehlig kochende Kartoffeln

1 Zwiebel

1 Knoblauchzehe

3 EL Butter

$\frac{1}{2}$ l Gemüsebrühe

$\frac{1}{2}$ l Milch

1 Msp. Safranfäden

60 ml trockener Weißwein

3 EL Sahne

Salz · Pfeffer aus der Mühle

4–6 Scheiben Toastbrot

4 TL Lachskaviar

Zubereitung
FÜR 4–6 PERSONEN

1 Die Kartoffeln schälen, waschen und in Würfel schneiden. Die Zwiebel und den Knoblauch schälen und in feine Würfel schneiden.

2 In einem Topf 2 EL Butter erhitzen und die Zwiebelwürfel darin glasig dünsten. Den Knoblauch und die Kartoffelwürfel hinzufügen und kurz mitdünsten. Die Brühe und die Milch dazugießen und alles zugedeckt etwa 20 Minuten köcheln lassen, bis die Kartoffeln weich sind.

3 Die Suppe mit dem Stabmixer pürieren. Den Safran und den Wein dazugeben, die Suppe nochmals aufkochen und 3 bis 4 Minuten köcheln lassen. Die Sahne hinzufügen und die Suppe mit Salz und Pfeffer abschmecken.

4 Aus den Toastscheiben nach Belieben Sterne oder andere Formen ausstechen und in einer Pfanne in der restlichen Butter goldbraun rösten. Die Suppe in tiefen Tellern anrichten und mit den Sterncroûtons und dem Lachskaviar garniert servieren.

Klare Kartoffelsuppe
mit Schinken und Saubohnen

Zutaten

500 g kleine festkochende
Kartoffeln

1 Zwiebel

1 Knoblauchzehe

1 EL Butter · 1 Lorbeerblatt

½ TL Bohnenkraut

¾ l Gemüsebrühe

250 g Saubohnenkerne
(tiefgekühlt)

½ Bund Petersilie

Salz · Pfeffer aus der Mühle

frisch geriebene Muskatnuss

80 g roh geräucherter Schinken
(in Scheiben)

Zubereitung
FÜR 4 PERSONEN

1 Die Kartoffeln schälen, waschen und halbieren
oder vierteln. Die Zwiebel und den Knoblauch
schälen und in feine Würfel schneiden.

2 Die Butter in einem Topf erhitzen und die Zwiebelwürfel darin glasig dünsten. Die Kartoffeln,
den Knoblauch, das Lorbeerblatt und das Bohnenkraut hinzufügen. Die Brühe dazugießen
und alles zugedeckt etwa 25 Minuten köcheln
lassen, bis die Kartoffeln weich sind. Etwa
10 Minuten vor Ende der Garzeit die Saubohnen dazugeben und mitgaren.

3 Die Petersilie waschen, trocken schütteln, die
Blätter von den Stielen zupfen und fein hacken.
Die Suppe mit Salz, Pfeffer und Muskatnuss
würzen. Den Schinken in Streifen schneiden
und in die Suppe geben.

4 Die Suppe in tiefen Tellern anrichten und mit
der Petersilie bestreut servieren.

Erbsen-Kartoffel-Eintopf
mit Schweinebauch

Eine heiße Idee für kalte Tage: Mit allerlei köstlichen Zutaten
wird hier einer von Omas Evergreens neu komponiert

Zutaten

500 g mild gepökelter

magerer Schweinebauch

1 Lorbeerblatt

2 Gewürznelken

1 EL Pimentkörner

1 TL Thymianblättchen

1 Zwiebel

300 g getrocknete, geschälte

gelbe Erbsen

250 g festkochende Kartoffeln

250 g weiße Rüben

(z.B. Teltower Rübchen

oder Herbstrüben)

Salz · Pfeffer aus der Mühle

1 EL Schnittlauchröllchen

Zubereitung

FÜR 4 PERSONEN

1 Den Schweinebauch kurz abbrausen, mit 1 1/2 l Wasser in einen großen Topf geben und aufkochen lassen. Den dabei entstehenden Schaum an der Oberfläche abschöpfen. Lorbeerblatt, Nelken, Pimentkörner und Thymian zum Fleisch geben und alles zugedeckt 1 1/2 Stunden köcheln lassen.

2 Die Zwiebel schälen und in feine Würfel schneiden. Die Erbsen verlesen. Die Zwiebeln und die Erbsen in die Fleischbrühe geben und zugedeckt bei schwacher Hitze weitere 30 Minuten köcheln lassen.

3 Die Kartoffeln schälen, waschen und in Würfel schneiden. Die Rüben putzen, schälen und in dünne Spalten schneiden. Beides in die Suppe geben und noch etwa 25 Minuten weitergaren, bis die Erbsen weich sind und leicht zerfallen. Falls nötig, noch etwas Wasser dazugießen.

4 Den Schweinebauch herausnehmen, das Fleisch in Scheiben schneiden und die Suppe mit Salz und Pfeffer abschmecken. Die Suppe mit dem Fleisch in tiefen Tellern oder Suppentassen anrichten und mit Schnittlauch bestreut servieren.

Tipp

Back to the roots: Jahrzehntelang führten weiße Rüben ein Schattendasein – nun hat man das Wurzelgemüse wiederentdeckt. Verwenden Sie am besten junge Wurzeln – sie sind zarter.

Süßkartoffelsuppe
mit Balsamico-Zwiebeln

Zutaten

Für die Suppe:

1 Zwiebel · 1 Knoblauchzehe

100 g getrocknete rote Linsen

450 g Süßkartoffeln

1 Stange Lauch

2 ½ EL Butter

1 TL gemahlener Koriander

1 l Gemüsebrühe

Salz · Pfeffer aus der Mühle

2 EL Schnittlauchröllchen

Für die Zwiebeln:

2 rote Zwiebeln

1 EL Butter

4 EL Aceto balsamico

Zubereitung
FÜR 4 PERSONEN

1 Für die Suppe die Zwiebel und den Knoblauch schälen und in feine Würfel schneiden. Die Linsen in einem Sieb abbrausen und abtropfen lassen. Die Süßkartoffeln schälen, waschen und in kleine Würfel schneiden. Den Lauch putzen, waschen und in Blätter schneiden.

2 Die Butter in einem Topf erhitzen und die Zwiebelwürfel darin glasig dünsten. Den Knoblauch hinzufügen und kurz mitdünsten. Den Koriander einrühren und ebenfalls kurz mitdünsten.

3 Süßkartoffeln und Lauch dazugeben und unter Rühren etwa 5 Minuten andünsten. Brühe dazugießen und alles zugedeckt etwa 30 Minuten köcheln lassen, bis die Kartoffeln weich sind. Nach 15 Minuten Garzeit Linsen hinzufügen.

4 Inzwischen für die Zwiebeln die roten Zwiebeln schälen und in Streifen schneiden. In einer Pfanne in der Butter weich dünsten, mit dem Essig ablöschen und etwas einköcheln lassen. Die Suppe mit Salz und Pfeffer würzen und den Schnittlauch unterrühren. Die Suppe mit den Balsamico-Zwiebeln garniert servieren.

Grüne Kartoffelsuppe
mit Sellerieblättern

Zutaten

500 g mehlig kochende
Kartoffeln

2 Frühlingszwiebeln

1 Bund Schnittsellerie
(oder das Grün von
1 Sellerieknolle)

1,2 l Gemüsebrühe

2 Knoblauchzehen

Salz · Pfeffer aus der Mühle

frisch geriebene Muskatnuss

2 EL Sahne

4 EL Crème fraîche

Zubereitung

FÜR 4 PERSONEN

1 Die Kartoffeln schälen, waschen und in kleine Würfel schneiden. Die Frühlingszwiebeln putzen, waschen und in Ringe schneiden. Den Schnittsellerie waschen, die Blätter von den Stielen zupfen und in Streifen schneiden.

2 Die Kartoffeln mit den Frühlingszwiebeln, den Sellerieblättern und der Brühe in einen Topf geben. Den Knoblauch schälen und dazupressen. Alles aufkochen lassen, mit Salz, Pfeffer und Muskatnuss kräftig würzen und 20 Minuten köcheln lassen, bis die Kartoffeln weich sind.

3 Die Suppe mit dem Stabmixer pürieren. Die Sahne und die Crème fraîche unter die Suppe rühren, nochmals abschmecken und in tiefen Tellern oder Schälchen anrichten. Nach Belieben mit Petersilienblättern garnieren und Pfeffer grob darübermahlen.

Deftiger Kartoffelsalat
mit Weißkohl und Radieschen

Brotzeit ist die schönste Zeit: Bei diesem bunten Kartoffelsalat
stellt sich die Biergartenlaune von ganz allein ein

Zutaten

ca. 350 g junger Weißkohl

400 g festkochende Kartoffeln

Salz

2 EL Rotweinessig

2 EL Öl

Pfeffer aus der Mühle

1 rote Schalotte

1 Bund Radieschen

1 Handvoll Rucola

Zubereitung

FÜR 2 PERSONEN

1 Den Weißkohl putzen, waschen, den Strunk entfernen und die Blätter in feine Streifen schneiden. Die Kartoffeln schälen, waschen und in kleine Würfel schneiden.

2 Die Kartoffelwürfel in kochendem Salzwasser 15 bis 20 Minuten weich garen. Nach etwa 5 Minuten die Kohlstreifen hinzufügen und mitgaren. Vom Garsud etwa 1/2 Tasse abnehmen und beiseitestellen. Die Kartoffeln und den Kohl in ein Sieb abgießen und etwas abtropfen lassen. Beides in eine große Schüssel geben.

3 Für die Marinade den Garsud mit dem Essig verrühren und das Öl mit dem Schneebesen unterschlagen. Mit Salz und Pfeffer würzen. Die Marinade zu der noch warmen Kartoffel-Kohl-Mischung geben und gut untermischen.

4 Die Schalotte schälen und in Würfel schneiden. Die Radieschen putzen, waschen und in dünne Scheiben schneiden. Den Rucola verlesen, waschen und trocken schütteln, grobe Stiele entfernen. Die Rucolablätter grob schneiden. Die Schalotte, die Radieschen und den Rucola zu den Kartoffeln geben und gut untermischen. Den Kartoffelsalat nochmals mit Salz und Pfeffer abschmecken und servieren.

Tipp

Für einen saftigen Kartoffelsalat sollten sowohl die Kartoffeln als auch die Marinade beim Mischen noch warm sein – nur so nehmen die Kartoffeln die Marinade rasch auf und saugen sich richtig voll.

Cremiger Kartoffelsalat
mit Saubohnen und Kresse

So schön kann deftig sein: In dieser Komposition aus Kartoffeln,
Saubohnen und cremiger Sauce spielt ein Ei die Hauptrolle

Zutaten

1 kg kleine festkochende
Kartoffeln · Salz

200 g Saubohnenkerne
(tiefgekühlt)

200 g saure Sahne

200 g Mayonnaise

1 EL scharfer Senf

Pfeffer aus der Mühle

1 Bund Brunnenkresse

4 Eier

2 EL Butter

4 EL frisch geriebene
Weißbrotbrösel

Zubereitung

FÜR 4–6 PERSONEN

1 Die Kartoffeln waschen und in der Schale in kochendem Salzwasser weich garen. Die Kartoffeln abgießen, ausdampfen lassen, pellen und klein schneiden. Die Saubohnenkerne in kochendem Salzwasser etwa 10 Minuten garen. In ein Sieb abgießen, kalt abschrecken und abtropfen lassen.

2 Saure Sahne, Mayonnaise, Senf, Salz und Pfeffer in einer großen Schüssel verrühren. Nach Belieben 2 rote Peperoni längs halbieren, entkernen, waschen, in feine Würfel schneiden und unterrühren. Die Kartoffeln hinzufügen und darin marinieren.

3 Die Brunnenkresse waschen, trocken schütteln, die Blätter von den Stielen zupfen und mit den abgetropften Bohnenkernen unter die Kartoffeln heben. Die Eier 5 Minuten wachsweich kochen und vorsichtig pellen.

4 Die Butter in einer Pfanne erhitzen und die Weißbrotbrösel darin unter Rühren goldbraun rösten. Den Kartoffelsalat nochmals mit Salz und Pfeffer abschmecken und auf Teller verteilen. Jeweils 1 weiches Ei daraufsetzen und mit einer Gabel einstechen. Mit den Bröseln bestreuen und servieren.

Tipp

Statt Brunnenkresse passt auch Gartenkresse oder Rucola in diesen Salat. Saubohnenkerne gibt es frisch oder tiefgekühlt zu kaufen. Sollten Sie keine bekommen, nehmen Sie einfach tiefgekühlte Erbsen.

Kartoffelsalat
mit Tintenfisch

Zutaten

8 Tintenfischtuben (tiefgekühlt)

1 Zwiebel · 3 Knoblauchzehen

1 Stück Ingwer (5 cm)

6–8 EL Olivenöl

Salz · Pfeffer aus der Mühle

2 EL gehackte gemischte Kräuter
(z.B. Schnittlauch, Bohnenkraut,
Thymian, Salbei)

350 ml Fisch- oder Gemüsebrühe

400 g vorwiegend festkochende
Kartoffeln

200 g Erbsen (tiefgekühlt)

2–3 EL Zitronensaft

Zubereitung
FÜR 4 PERSONEN

1 Die Tintenfischtuben auftauen lassen, abbrausen, trocken tupfen und in Ringe schneiden.
Die Zwiebel, den Knoblauch und den Ingwer
schälen und in feine Würfel schneiden.

2 In einem Topf 2 EL Olivenöl erhitzen und Zwiebel, Knoblauch und Ingwer darin andünsten.
Die Tintenfischringe dazugeben, leicht mit Salz
und Pfeffer würzen und die Kräuter unterrühren. Die Brühe dazugießen und den Tintenfisch
zugedeckt bei schwacher Hitze etwa 30 Minuten weich garen.

3 Die Kartoffeln schälen, waschen, in kleine
Würfel schneiden und in kochendem Salzwasser
5 Minuten garen. Die Erbsen in kochendem
Salzwasser etwa 3 Minuten blanchieren.

4 Den Zitronensaft und das restliche Olivenöl in
einer Schüssel verrühren. Die Tintenfische aus
dem Sud nehmen und dazugeben. Die Kartoffeln und Erbsen in dem Kochsud 10 bis 15 Minuten garen. Ebenfalls in die Schüssel geben.
Die Brühe auf die Hälfte einkochen lassen,
über die Zutaten in der Schüssel gießen und
alles gut mischen. Den Salat mit Salz und Pfeffer würzen und servieren.

Kartoffelsalat
mit Sprossen und Koriander

Zutaten

700 g kleine festkochende
Kartoffeln · 100 g gemischte
Sprossen (z.B. Alfalfa-,
Radieschensprossen)
1 unbehandelte Zitrone
2 EL Weißweinessig
1 EL Honig · ½ TL scharfer Senf
2 TL geriebener Meerrettich
(frisch oder aus dem Glas)
Salz · Pfeffer aus der Mühle
100 ml Traubenkernöl
1 Bund Koriander
3 Frühlingszwiebeln
1 kleines Salatherz

Zubereitung
FÜR 4 PERSONEN

1 Die Kartoffeln waschen und in der Schale in kochendem Salzwasser nicht zu weich garen. Abgießen, ausdampfen lassen, pellen und in Scheiben schneiden.

2 Die Sprossen heiß abbrausen und abtropfen lassen. Für die Marinade die Zitrone heiß waschen, trocken reiben und etwas Schale fein abreiben. Den Saft auspressen. Zitronenschale und -saft mit Essig, Honig, Senf, Meerrettich, Salz und Pfeffer verrühren und nach und nach das Öl mit dem Schneebesen unterschlagen.

3 Den Koriander waschen, trocken schütteln und die Blätter von den Stielen zupfen. Die Frühlingszwiebeln putzen, waschen und in Ringe schneiden. Die Kartoffelscheiben, die Sprossen, den Koriander und die Frühlingszwiebeln in eine Schüssel geben und alles mit der Marinade mischen. Den Kartoffelsalat nochmals mit Salz und Pfeffer abschmecken und etwa 20 Minuten ziehen lassen.

4 Zum Servieren das Salatherz waschen, in die einzelnen Blätter teilen und trocken tupfen. Salatblätter in Schälchen verteilen und den Kartoffelsalat darauf anrichten.

Kartoffelsalat
mit Sellerie und Lyoner

Ein Schälchen Buntes: Der Mix aus knackigem Wurzelgemüse,
Apfel und Kartoffeln schmeckt genauso köstlich, wie er aussieht

Zutaten

1 kg festkochende Kartoffeln

Salz · 1 Möhre

¼ Sellerieknolle

1 kleine Stange Lauch

¼ l Gemüsebrühe

Pfeffer aus der Mühle

4 EL Essig

1 TL Majoranblätter

1 rotschaliger Apfel

150 g Lyoner

3 EL Öl

Zubereitung

FÜR 4–6 PERSONEN

1 Die Kartoffeln schälen, waschen und in kochendem Salzwasser weich garen. Inzwischen die Möhre und den Sellerie putzen, schälen und beides in dünne Stifte schneiden. Den Lauch putzen, waschen und in feine Ringe schneiden. Die Brühe in einem Topf aufkochen und Möhre, Sellerie und Lauch darin etwa 4 Minuten garen.

2 Die Kartoffeln abgießen und etwas ausdampfen lassen. Dann in Scheiben schneiden, in eine Schüssel geben und mit Salz und Pfeffer würzen.

3 Den Essig und den Majoran zum Gemüse in den Sud geben und alles über die Kartoffeln gießen. Den Salat nochmals mit Salz und Pfeffer abschmecken und vor dem Servieren etwa 20 Minuten ziehen lassen.

4 Den Apfel waschen, vierteln und das Kerngehäuse entfernen. Die Apfelviertel in dünne Spalten schneiden. Die Lyoner enthäuten, in Streifen schneiden und mit den Apfelspalten und dem Öl zum Salat geben, gut mischen und, falls nötig, nochmals abschmecken.

Tipp

Grüne Stellen an Kartoffeln sollten Sie großzügig wegschneiden: Sie enthalten das giftige Solanin. Das Gleiche gilt übrigens auch für Kartoffeln, die stark ausgekeimt sind.

Kartoffelsalat
mit Brunnenkresse

Frühlingsfrisch verführerisch: Weißwein und würzige Kräuter machen den Klassiker der kalten Küche zum feinen Gaumenkitzel

Zutaten

700 g kleine festkochende
Kartoffeln · Salz

3 EL Gemüsebrühe

5 EL trockener Weißwein

1 Bund Brunnenkresse
(oder 1 Handvoll Feldsalat)

1 EL Weißweinessig

1 TL Dijon-Senf

Pfeffer aus der Mühle

3 EL Öl · 1 Schalotte

1–2 EL gehackte Kräuter
(z. B. Kerbel, Basilikum)

Zubereitung
FÜR 4 PERSONEN

1 Die Kartoffeln waschen und in der Schale in kochendem Salzwasser weich garen. Abgießen, ausdampfen lassen und noch heiß pellen. Die Kartoffeln in Scheiben schneiden und in eine Schüssel geben. Die Brühe mit dem Wein verrühren und über die noch heißen Kartoffeln gießen. Untermischen und etwas ziehen lassen.

2 Inzwischen die Brunnenkresse verlesen, waschen und trocken schütteln, die Blätter von den Stielen zupfen.

3 Für die Marinade den Essig und den Senf mit Salz und Pfeffer in einer großen Schüssel verrühren, nach und nach das Öl mit dem Schneebesen unterschlagen. Die Schalotte schälen und in feine Würfel schneiden. Die Brunnenkresse, die Schalottenwürfel und die Kräuter zu den Kartoffeln geben und alles vorsichtig mischen. Den Kartoffelsalat sofort servieren. Dazu passt Baguette.

Tipp

Für Kartoffelsalat sollten die Kartoffelscheiben nicht zu dick, aber auch nicht so dünn sein, dass sie beim Mischen leicht zerfallen. Ideal sind etwa $1/2$ cm dicke Scheiben.

Kartoffelsalat
mit Austernpilzen

Zutaten

600 g festkochende Kartoffeln

1 Bund Rucola

200 g Austernpilze

1 Schalotte

ca. 100 ml Rinderbrühe

4 EL Essig

1 TL scharfer Senf

Salz · Pfeffer aus der Mühle

3 EL Öl

100 g Schafskäse (Feta)

1 EL Kürbiskernöl

Zubereitung
FÜR 4 PERSONEN

1 Die Kartoffeln waschen und in einen Dämpf-einsatz geben. Den Dämpfeinsatz in einen Topf mit wenig Wasser stellen und die Kartoffeln zugedeckt über dem heißen Dampf etwa 30 Mi-nuten garen. Ausdampfen lassen, pellen und in Scheiben schneiden.

2 Den Rucola verlesen, waschen und trocken schleudern, grobe Stiele entfernen. Die Aus-ternpilze putzen, trocken abreiben und in Streifen schneiden. Die Schalotte schälen und in feine Würfel schneiden.

3 Die Brühe in einem Topf erhitzen. Die Schalot-tenwürfel hinzufügen und den Essig sowie den Senf unterrühren. Die noch warmen Kartoffeln in eine Schüssel geben und die Marinade da-rübergießen. Mit Salz und Pfeffer würzen und etwa 10 Minuten ziehen lassen.

4 Das Öl in einer Pfanne erhitzen und die Pilze darin goldbraun braten, mit Salz und Pfeffer würzen. Den Kartoffelsalat nochmals abschme-cken und auf dem Rucola anrichten. Den Feta mit einer Gabel zerbröckeln und mit den Pilzen auf dem Kartoffelsalat verteilen. Mit Kürbis-kernöl beträufelt servieren.

Kartoffelsalat
mit Artischocken und Oliven

Zutaten

600 g vorwiegend festkochende

Kartoffeln · Salz

$1/8$ l Gemüsebrühe

200 g kleine Champignons

(aus dem Glas)

200 g eingelegte kleine

Artischockenherzen

100 g grüne Oliven

(mit Sardellen gefüllt)

3 EL Balsamico bianco

3 EL Zitronensaft · 1 EL Senf

1 Knoblauchzehe · 6 EL Olivenöl

1 rote Schalotte

Pfeffer aus der Mühle

2–3 EL gehackte Petersilie

Zubereitung
FÜR 4 PERSONEN

1 Die Kartoffeln waschen und in der Schale in kochendem Salzwasser weich garen. Abgießen, etwas ausdampfen lassen, pellen und in Scheiben schneiden. Die Brühe erwärmen, über die Kartoffeln gießen und untermischen.

2 Die Champignons abtropfen lassen und in Scheiben schneiden. Die Artischocken aus dem Glas nehmen, abtropfen lassen und vierteln, den Sud aus dem Glas für die Marinade beiseitestellen. Die Oliven abtropfen lassen und halbieren.

3 Für die Marinade den Essig mit dem Zitronensaft und dem Senf verrühren. Den Knoblauch schälen und dazupressen, das Olivenöl mit dem Schneebesen unterschlagen. Die Marinade mit etwas Artischockensud abschmecken. Die Schalotte schälen und in feine Streifen schneiden.

4 Die Champignons, die Artischocken, die Oliven und die Schalotte zu den Kartoffeln geben und den Salat mit der Marinade mischen. Mit Salz und Pfeffer würzen und etwa 15 Minuten ziehen lassen. Mit der gehackten Petersilie bestreut servieren.

Snacks & kleine Gerichte

Spargeltortilla
mit Pinienkernen

Viva España: Kartoffeln und zarter Spargel werden hier zu einem deftigen Snack, wie man ihn nicht nur in Spanien liebt

Zutaten

400 g vorwiegend fest-
kochende Kartoffeln · Salz

400 g weißer Spargel

Butter für die Form

1 unbehandelte Limette

5 Eier

30–50 g geriebener Pecorino

Pfeffer aus der Mühle

Zucker

100 g Pinienkerne

Zubereitung

FÜR 2–4 PERSONEN

1 Die Kartoffeln waschen und in der Schale in kochendem Salz-wasser etwa 20 Minuten garen. Abgießen und etwas abkühlen lassen. Die Kartoffeln pellen und in Scheiben schneiden.

2 Den Backofen auf 130 °C vorheizen. Den Spargel schälen und die holzigen Enden abschneiden. Die Spargelstangen schräg in dünne Scheiben schneiden. Eine ofenfeste Form einfetten. Die Spargel- und die Kartoffelscheiben darin verteilen.

3 Die Limette heiß waschen, trocken reiben und die Schale fein abreiben. Die Eier verquirlen, den Pecorino unterrühren und mit Salz, Pfeffer, 1 Prise Zucker und etwas Limettenschale würzen. Die Eiermasse über die Kartoffel-Spargel-Mischung gießen und im Ofen auf der mittleren Schiene etwa 1 Stunde stocken lassen.

4 Inzwischen die Pinienkerne in einer beschichteten Pfanne ohne Fett unter Rühren hell rösten. Zum Servieren die Tortilla in Stücke schneiden, mit den Pinienkernen und der restlichen Limettenschale bestreuen. Nach Belieben mit Cocktailtomaten und Avocadocreme (siehe Tipp) anrichten.

Tipp

Für die Avocadocreme: Das Fruchtfleisch von 1 rei-fen Avocado und den Saft von 1 Limette mit dem Stabmixer pürieren. Die Creme mit Salz, Pfeffer und Tabasco oder Cayennepfeffer würzen.

Tortilla
mit Speck und Paprika

Heiß begehrt: Bei diesem Kartoffelklassiker mit Speck,
Paprika und Zwiebeln werden selbst starke Männer schwach

Zutaten

400 g gegarte vorwiegend
festkochende Kartoffeln
(vom Vortag)

1 Zwiebel

50 g Frühstücksspeck
(in Scheiben)

½ Bund Frühlingszwiebeln

1 kleine rote Paprikaschote

2 EL Butterschmalz

½ TL ganzer Kümmel

Salz · Pfeffer aus der Mühle

4 Eier

Zubereitung
FÜR 2–4 PERSONEN

1   Die Kartoffeln pellen und in Scheiben schneiden. Die Zwiebel schälen und in feine Würfel schneiden. Den Frühstücksspeck quer in dünne Streifen schneiden. Die Frühlingszwiebeln putzen, waschen und schräg in Ringe schneiden. Die Paprika längs halbieren, entkernen, waschen und quer in Streifen schneiden.

2   Das Butterschmalz in einer Pfanne erhitzen und die Kartoffelscheiben mit dem Kümmel darin anbraten. Die Zwiebelwürfel und den Frühstücksspeck hinzufügen und kurz mitbraten. Die Frühlingszwiebeln und die Paprika unterrühren und alles 5 Minuten braten. Mit Salz und Pfeffer würzen.

3   Die Eier verquirlen und leicht mit Salz und Pfeffer würzen. Zur Kartoffelmischung in die Pfanne gießen und zugedeckt bei schwacher Hitze stocken lassen. Dann die Tortilla auf einen flachen Teller gleiten lassen, einen zweiten Teller darauflegen, wenden und wieder in die Pfanne geben. Auf der anderen Seite weitere 2 Minuten braten. Die Tortilla zum Servieren in Stücke schneiden und nach Belieben mit Frühlingszwiebellocken garnieren.

Tipp

Der spanische Klassiker schmeckt auch kalt sehr gut – einfach als Snack aus der Hand essen oder mit einem knackigen gemischten Salat und einem Glas Weißwein servieren.

Kartoffelecken
mit Mayonnaise

Zutaten

1 kg festkochende Kartoffeln

5 EL Öl

Salz · Pfeffer aus der Mühle

Öl für das Blech

1 sehr frisches Ei

100 ml Öl

einige Spritzer Zitronensaft

etwas scharfer Senf

1 Frühlingszwiebel

Zubereitung
FÜR 4 PERSONEN

1 Den Backofen auf 220 °C vorheizen. Die Kartoffeln gut abbürsten, waschen und mit der Schale in Spalten schneiden. Waschen und trocken tupfen. Das Öl in eine große Schüssel geben, die Kartoffeln hinzufügen und mischen. Die Kartoffelecken gut mit Salz, Pfeffer und nach Belieben Paprikapulver, Cayennepfeffer oder Currypulver würzen und nochmals gut mischen.

2 Ein Backblech mit Öl bestreichen, die Kartoffeln darauf verteilen und im Ofen auf der mittleren Schiene etwa 30 Minuten garen, dabei mehrfach wenden, damit sie von allen Seiten knusprig braun werden. Falls nötig, nach etwa der Hälfte der Garzeit die Temperatur auf 180 °C reduzieren.

3 Für die Mayonnaise das Ei in einem hohen Rührbecher mit dem Stabmixer pürieren, das Öl in einem dünnen Strahl einlaufen lassen und weitermixen, bis eine cremige Masse entsteht. Die Mayonnaise mit Salz, Pfeffer, Zitronensaft und Senf abschmecken. Die Frühlingszwiebel putzen, waschen und schräg in feine Ringe schneiden. Kartoffelecken mit der Mayonnaise und mit den Frühlingszwiebeln bestreut servieren.

Kartoffelchips
auf klassische Art

Zutaten

500 g festkochende Kartoffeln

Öl zum Frittieren

Salz

Zubereitung
FÜR 2 PERSONEN

1 Die Kartoffeln schälen und in feine Scheiben hobeln. Die Kartoffelscheiben in einer Schüssel in kaltem Wasser 2 bis 3 Minuten einweichen. Dann in ein Sieb abgießen, abtropfen lassen und mit Küchenpapier trocken tupfen.

2 Das Öl in der Fritteuse oder in einem Topf auf 170 °C erhitzen und die Kartoffelscheiben darin portionsweise goldbraun frittieren. Mit dem Schaumlöffel herausheben und auf Küchenpapier abtropfen lassen.

3 Die Kartoffelchips mit Salz und nach Belieben mit Pfeffer, Cayennepfeffer, Paprika- oder Chilipulver würzen. In Schälchen anrichten und servieren. Dazu passt ein Dip aus Frischkäse oder süßsaurer Chilisauce.

Ofenkartoffeln
mit dreierlei Füllungen

Eine bunte Truppe: Mit außergewöhnlichen Leckereien gefüllt,
buhlt hier jede Knolle um die Aufmerksamkeit der Gäste

Zutaten

12 mittelgroße vorwiegend
festkochende Kartoffeln

7 EL Olivenöl

1 Bund Rosmarin

1 kg grobes Meersalz

1 kleine Aubergine · Salz

1 unbehandelte Zitrone

400 g Schmand

250 g Crème fraîche

1 TL geriebener Meerrettich

1 Knoblauchzehe

1 rote Chilischote

Pfeffer aus der Mühle

120 g Rote Bete
(vakuumverpackt)

200 g Steinpilze

1–2 EL Aceto balsamico

Zubereitung
FÜR 4 PERSONEN

1 Den Backofen auf 180 °C vorheizen. Die Kartoffeln gut abbürsten, waschen und trocken reiben, mit einer Gabel mehrmals einstechen und mit 3 EL Olivenöl beträufeln. Den Rosmarin waschen, trocken schütteln und grob zerteilen.

2 Das Meersalz auf einem Blech verteilen und den Rosmarin darüberstreuen. Die Kartoffeln auf das Salzbett legen und im Ofen auf der mittleren Schiene etwa 1 Stunde backen.

3 Inzwischen die Aubergine putzen, waschen und in dünne Scheiben schneiden. Salzen und 15 Minuten ziehen lassen. Die Zitrone heiß waschen, trocken reiben, die Schale fein abreiben und den Saft auspressen.

4 Den Schmand und die Crème fraîche verrühren und in drei Portionen teilen. Eine Portion mit einigen Spritzern Zitronensaft und Meerrettich würzen. Den Knoblauch schälen, in feine Würfel schneiden und mit 1 TL Zitronenschale unter die zweite Portion rühren. Für die dritte Portion die Chilischote längs halbieren, entkernen, waschen, fein hacken und unterrühren. Die Dips mit Salz und Pfeffer würzen.

5 Die Auberginenscheiben mit Küchenpapier abtupfen und in einer Pfanne in 2 EL Olivenöl 2 bis 3 Minuten auf beiden Seiten anbraten. Herausnehmen und mit Salz und Pfeffer würzen. Die Rote Bete in dünne Scheiben schneiden. Die Steinpilze putzen, in Scheiben schneiden und im restlichen Olivenöl 2 bis 3 Minuten braten. Mit Salz und Pfeffer würzen.

6 Die gegarten Kartoffeln kreuzweise tief einschneiden und etwas aufklappen. Für jede Portion 3 Kartoffeln mit den verschiedenen Dips füllen. Auf die Kartoffeln mit Meerrettichcreme Rote Bete geben. Auf die Knoblauchcreme Steinpilze und nach Belieben Röstzwiebeln verteilen. Auf die Chilicreme die Auberginen geben. Mit Essig beträufeln und servieren.

Folienkartoffeln
mit Kräuterquark

Da muss der Tisch im Freien gedeckt werden: Heiße Kartoffeln
und frischer Kräuterquark sind die Highlights auf jeder Gartenparty

Zutaten

8 mittelgroße vorwiegend
festkochende Kartoffeln

Öl für die Folie

500 g Speisequark

4 EL Crème fraîche

6 EL gemischte, gehackte
Kräuter (z.B. Petersilie,
Schnittlauch, Basilikum, Dill)

Salz · Pfeffer aus der Mühle

Paprikapulver

einige Salatblätter

8–12 Cocktailtomaten

Zubereitung

FÜR 4 PERSONEN

1 Den Backofen auf 200 °C vorheizen. Die Kartoffeln gut abbürsten, waschen und trocken reiben. Die Schale mit einer Gabel mehrmals einstechen. 8 Blätter Alufolie mit etwas Öl bestreichen. Die Kartoffeln jeweils fest in die Folien wickeln, auf das Ofengitter setzen und im Ofen auf der mittleren Schiene etwa 1 1/2 Stunden garen.

2 Inzwischen den Quark und die Crème fraîche in einer Schüssel verrühren, die Kräuter untermischen. Den Quark mit Salz, Pfeffer, Paprikapulver und nach Belieben etwas Zitronensaft würzen und ziehen lassen.

3 Die Salatblätter waschen und trocken schütteln. Die Tomaten waschen und halbieren. Die gegarten Kartoffeln aus der Folie nehmen, kreuzweise tief einschneiden und etwas aufklappen. Die Salatblätter und die Cocktailtomaten in Schälchen anrichten, die Kartoffeln daraufsetzen und jeweils 1 gehäuften EL Kräuterquark hineingeben. Nochmals mit etwas Salz und Pfeffer würzen und sofort servieren.

Tipp

Sie können die gefüllten Kartoffeln auch mit Räucherlachsstreifen bestreut servieren. Fans der würzigen Küche mischen Zwiebel- und Knoblauchwürfel unter den Quark.

Gebackene Kartoffelecken
mit Paprika-Zwiebel-Gemüse

Zutaten

Für das Gemüse:

4 rote Paprikaschoten

Öl zum Bestreichen

2 kleine Gemüsezwiebeln

4 Knoblauchzehen

3 EL Sherryessig

100 ml Olivenöl

Salz · Pfeffer aus der Mühle

Für die Kartoffelecken:

800 g festkochende Kartoffeln

5 Knoblauchzehen

3 rote Chilischoten

3 Lorbeerblätter

ca. 100 ml Olivenöl · Salz

Zubereitung

FÜR 4 PERSONEN

1 Für das Gemüse den Backofen auf 220 °C vorheizen. Paprika längs halbieren, entkernen, waschen und die Hautseite mit Öl bestreichen. Ein Backblech mit Alufolie auslegen, die Paprika mit der Hautseite nach oben darauflegen. Zwiebeln ungeschält halbieren und ebenfalls daraufgeben. Im Ofen etwa 15 Minuten garen, bis die Haut der Paprika schwarz wird. Das Gemüse in Alufolie wickeln und 20 Minuten im ausgeschalteten Ofen ruhen lassen. Paprika enthäuten und Zwiebeln schälen. Beides in Streifen schneiden und in eine Schüssel geben.

2 Knoblauch schälen und durch die Presse drücken. Mit den restlichen Zutaten zu einer Sauce verrühren, über das Paprika-Zwiebel-Gemüse gießen und 1 Stunde marinieren.

3 Backofen auf 220 °C vorheizen. Die Kartoffeln gut abbürsten, waschen und in Spalten schneiden. Auf ein Backblech geben. Knoblauch andrücken. Chilis längs halbieren, entkernen und waschen. Beides mit Lorbeerblättern zu den Kartoffeln geben, das Olivenöl untermischen. Im Ofen 10 Minuten garen, dann die Temperatur auf 180 °C reduzieren und die Kartoffeln 20 bis 25 Minuten fertig garen. Mit Salz würzen.

Teigtaschen
mit Kartoffeln und Thunfisch

Zutaten

300 g mehlig kochende
Kartoffeln · Salz
1 Dose Thunfisch
(im eigenen Saft)
1 Schalotte
1 kleine Knoblauchzehe
2 EL gehackte Petersilie
Pfeffer aus der Mühle
4 Blätter Filoteig
(aus dem Orientladen;
ersatzweise Strudelteig)
flüssige Butter zum Bestreichen

Zubereitung
FÜR 4 PERSONEN

1 Die Kartoffeln waschen und in kochendem Salzwasser weich garen. Abgießen, ausdampfen lassen, pellen und heiß durch die Kartoffelpresse drücken. Die Masse etwas abkühlen lassen.

2 Den Thunfisch abtropfen lassen und zerpflücken. Die Schalotte und den Knoblauch schälen und in feine Würfel schneiden. Die Kartoffelmasse mit dem Thunfisch, der Schalotte, dem Knoblauch und der Petersilie zu einem geschmeidigen Teig verrühren. Mit Salz und Pfeffer würzen und, nach Belieben, noch etwas Olivenöl dazugeben.

3 Den Backofen auf 180 °C vorheizen. Den Filoteig in Streifen (6 x 20 cm) schneiden. Die Teigstreifen mit Butter bestreichen und jeweils 1 EL Kartoffel-Thunfisch-Füllung auf das untere Ende eines Teigstreifens setzen. Den unteren Teigrand jeweils als Dreieck von links über die Füllung schlagen, sodass er am rechten Rand des Streifens bündig aufliegt. Den Teigstreifen weiter zu Dreiecken übereinanderlegen, die Enden andrücken. Die Teigtaschen auf einem Backblech im Ofen auf der mittleren Schiene 10 bis 12 Minuten backen. Sofort servieren.

Pochierte Eier
auf Kartoffel-Tomaten-Püree

Bestens bekannt, verblüffend elegant: Auf cremigem Kartoffel-püree angerichtet, kommen köstliche Kleinigkeiten ganz groß raus

Zutaten

600 g mehlig kochende
Kartoffeln · Salz

200 g Cocktailtomaten

1 Schalotte

3 EL kalte Butter

150–200 ml Milch

Pfeffer aus der Mühle

frisch geriebene Muskatnuss

4 Eier

gehackter Estragon
für die Deko

Zubereitung
FÜR 4 PERSONEN

1 Die Kartoffeln waschen und in der Schale in kochendem Salzwasser weich garen. Inzwischen die Cocktailtomaten waschen und halbieren oder vierteln. Die Schalotte schälen und in feine Würfel schneiden. In einer Pfanne 1 EL Butter erhitzen und die Tomaten mit den Schalottenwürfeln darin dünsten.

2 Die Kartoffeln abgießen, ausdampfen lassen, pellen und möglichst heiß durch die Kartoffelpresse in eine Schüssel drücken. Die Milch in einem Topf erhitzen, mit der restlichen Butter nach und nach zur Kartoffelmasse geben und alles zu einem geschmeidigen Püree verrühren. Die Tomaten und die Schalotte unterheben und mit Salz, Pfeffer und Muskatnuss würzen. Das Püree warm halten.

3 In einem Topf Wasser bis knapp unter den Siedepunkt erhitzen. Vier Schälchen mit einem Stück Frischhaltefolie auslegen. Jeweils 1 Ei vorsichtig aufschlagen und in das Schälchen gleiten lassen, dabei das Eigelb nicht zerstören. Die Folien über den Eiern mit Küchengarn zu Beuteln zusammenbinden und die Eier im heißen Wasser 4 bis 6 Minuten pochieren.

4 Das Püree in mit weißem Backpapier oder Pergamentpapier ausgelegte Förmchen verteilen und jeweils 1 ausgepacktes, pochiertes Ei daraufsetzen. Mit Estragon bestreut servieren.

Tipp

Wer es gern etwas deftiger mag, brät zusätzlich Blutwurstscheiben oder Speckwürfel knusprig an und streut sie über die Eier. Dann das Püree am besten mit Majoran oder Oregano würzen.

Kartoffelbällchen
mit Mozzarella und Tomaten

Überraschung auf den ersten Biss: In den knusprigen Bällchen
würde wohl kaum jemand eine würzige »Insalata caprese« vermuten

Zutaten

Für den Teig:

1 kg mehlig kochende

Kartoffeln · Salz

100 g Mehl

2 Eigelb

1 EL Olivenöl

Mehl für die Arbeitsfläche

und zum Verarbeiten

Für die Füllung:

200 g Tomaten

200 g Mozzarella

1 TL Aceto balsamico

1 EL Olivenöl

2 EL gehacktes Basilikum

Salz · Pfeffer aus der Mühle

Öl zum Frittieren

einige Basilikumblätter

für die Deko

Zubereitung
FÜR 4 PERSONEN

1 Für den Teig die Kartoffeln waschen und in der Schale in kochendem Salzwasser weich garen. Abgießen, ausdampfen lassen, pellen und möglichst heiß durch die Kartoffelpresse in eine Schüssel drücken. Etwas abkühlen lassen. Dann das Mehl, die Eigelbe, das Olivenöl und 1 TL Salz hinzufügen und alles zu einem glatten Teig verkneten.

2 Für die Füllung die Tomaten überbrühen, häuten, halbieren, entkernen und in kleine Würfel schneiden. Den Mozzarella ebenfalls in kleine Würfel schneiden. Tomaten- und Mozzarellawürfel mit dem Essig, dem Olivenöl und dem Basilikum mischen und gut mit Salz und Pfeffer würzen.

3 Den Kartoffelteig auf der bemehlten Arbeitsfläche zu einer Rolle formen, mit Mehl bestäuben und in 16 gleich große Scheiben schneiden. Jede Scheibe mit dem Handballen etwas flach drücken, in die Mitte eine kleine Mulde drücken und je etwa 1 gehäuften TL Tomaten-Mozzarella-Füllung daraufgeben. Den Teig über der Füllung zusammendrücken, verschließen und mit angefeuchteten Händen zu kleinen Bällchen formen. Die Kartoffelbällchen in Mehl wenden.

4 Das Öl in der Fritteuse oder einem Topf auf 170 °C erhitzen und die Kartoffelbällchen darin portionsweise etwa 5 Minuten goldbraun frittieren. Mit dem Schaumlöffel herausheben, auf Küchenpapier abtropfen lassen und sofort mit Basilikumblättern garniert servieren.

Tipp

Ob das Frittierfett schon heiß genug ist, testet man am besten mit einem Holzkochlöffelstiel. Halten Sie den Stiel in das heiße Fett – wenn kleine Bläschen daran hochsteigen, ist das Fett heiß genug.

Kartoffeltaschen
mit Kräutern und Parmesan

Zutaten

500 g mehlig kochende
Kartoffeln · Salz

1 Schalotte

1 Knoblauchzehe

2 EL Öl · 1 Eigelb

2 EL geriebener Parmesan

1 EL gehackter Thymian

1 EL gehackte Petersilie

Pfeffer aus der Mühle

200 g Filoteigblätter

(10 x 10 cm; aus dem Orient-

laden, ersatzweise Strudelteig)

Öl zum Frittieren

4 unbehandelte Zitronenspalten

Zubereitung
FÜR 4 PERSONEN

1 Die Kartoffeln waschen und in der Schale in kochendem Salzwasser weich garen. Abgießen und ausdampfen lassen. Die Kartoffeln pellen und möglichst heiß durch die Kartoffelpresse in eine Schüssel drücken.

2 Die Schalotte und den Knoblauch schälen und in feine Würfel schneiden. Das Öl in einer Pfanne erhitzen und Schalotte und Knoblauch darin andünsten. Beides zur Kartoffelmasse geben und mit Eigelb, Parmesan und Kräutern untermischen. Mit Salz und Pfeffer würzen.

3 Ein Blatt Filoteig mit Wasser bestreichen und ein zweites Blatt versetzt dazu darauflegen, sodass eine Sternform entsteht. Ebenfalls mit Wasser bestreichen und 1 EL Kartoffelfüllung in die Mitte geben. Die Teigränder über der Füllung fest zu Säckchen zusammendrücken.

4 Das Öl in der Fritteuse oder einem Topf auf 170 °C erhitzen und die Kartoffeltaschen darin 4 bis 5 Minuten goldbraun frittieren. Auf Küchenpapier abtropfen lassen und mit Zitronenspalten garniert servieren.

Gebackene Wan Tans
mit Kartoffel-Sesam-Füllung

Zutaten

300 g mehlig kochende
Kartoffeln · Salz
2 Eier
2 TL helle Sesamsamen
Pfeffer aus der Mühle
einige Spritzer dunkle Sojasauce
16 Wan-Tan-Blätter
(tiefgekühlt; aus dem
Asienladen)
Öl zum Frittieren

Zubereitung
FÜR 2–4 PERSONEN

1 Die Kartoffeln waschen und in der Schale in kochendem Salzwasser weich garen. Abgießen, ausdampfen lassen, pellen und möglichst heiß durch die Kartoffelpresse drücken. Die Eier trennen. Die Eigelbe mit dem Sesam unter die Kartoffelmasse mischen. Nach Belieben 1 fein gehackte rote Chilischote untermischen. Mit Salz, Pfeffer und Sojasauce würzen.

2 Die Wan-Tan-Blätter auf der Arbeitsfläche auftauen lassen. In die Mitte von jedem Teigblatt 1 TL Füllung setzen. Die Teigränder mit ver-

quirltem Eiweiß bestreichen. Runde Teigblätter zusammenklappen und die Ränder mit einer Gabel festdrücken. Bei eckigen Wan Tans die vier Teigecken nach oben ziehen und zusammendrücken, sodass kleine Beutel entstehen.

3 Das Öl in der Fritteuse oder einem Topf auf 170 °C erhitzen und die Wan Tans darin etwa 2 Minuten goldbraun frittieren. Auf Küchenpapier abtropfen lassen und nach Belieben mit süßsaurer Chilisauce oder Sojasauce servieren.

Kartoffel-Bhajias
mit grünem Chutney

*Die Verpackung macht's: In exotischen Teig gehüllt und goldbraun
ausgebacken, wird die heimische Kartoffel zum indischen Snack*

Zutaten

2 große vorwiegend fest-
kochende Kartoffeln · Salz

250 g Kichererbsenmehl

1/2 TL Backpulver

je 1/2 TL Cayennepfeffer,
gemahlene Kurkuma und
gemahlener Koriander

1 TL Kreuzkümmelsamen

Erdnussöl zum Frittieren

grünes Chutney (Fertig-
produkt; aus dem Glas)

Zubereitung

FÜR 2 PERSONEN

1 Die Kartoffeln schälen, waschen und in etwa 1/2 cm dicke
Scheiben schneiden. Die Kartoffelscheiben in kochendem
Salzwasser etwa 10 Minuten halb gar kochen. Abgießen und
etwas abkühlen lassen.

2 Das Kichererbsenmehl in einer Schüssel mit dem Backpulver,
3/4 TL Salz, den gemahlenen Gewürzen und dem Kreuzkümmel
mischen. Langsam etwa 1/4 l Wasser dazugießen und mit dem
Schneebesen zu einem glatten, dickflüssigen Teig verrühren.
Den Backofen auf 70 °C vorheizen.

3 Das Erdnussöl in der Fritteuse oder einem Topf auf etwa 170 °C
erhitzen. Es hat die richtige Temperatur, wenn an einem Holz-
löffelstiel, den man ins Öl hält, kleine Bläschen aufsteigen.
Die Kartoffelscheiben einzeln durch den Kichererbsenteig
ziehen und im heißen Öl portionsweise etwa 7 Minuten goldbraun frittieren. Mit dem Schaumlöffel herausheben und auf
Küchenpapier abtropfen lassen. Im Ofen warm halten, bis alle
Kartoffelscheiben frittiert sind. Die Kartoffel-Bhajias mit dem
grünen Chutney servieren.

Tipp

Zur Abwechslung können Sie auch einmal in dünne
Scheiben geschnittene Zucchini und Auberginen in
dem Teig wenden und ausbacken. Auch Zwiebelringe
schmecken sehr gut.

Süsskartoffel-Soufflés
mit Schafskäse

Zutaten

1 kg Süßkartoffeln · Salz

2 Zwiebeln

50 g Kräuterbutter

3 Eier

150 g Schafskäse (Feta)

Butter und Weißbrotbrösel
für die Förmchen

250 g Speisequark

2 EL geriebener Parmesan

Pfeffer aus der Mühle

frisch geriebene Muskatnuss

Zubereitung
FÜR 6 PERSONEN

1 Die Süßkartoffeln schälen, waschen, halbieren und in kochendem Salzwasser weich garen. Abgießen, ausdampfen lassen und etwa 200 g Kartoffeln beiseitelegen. Den Rest möglichst heiß durch die Kartoffelpresse in eine Schüssel drücken. Die beiseitegelegten Süßkartoffeln in kleine Würfel schneiden.

2 Die Zwiebeln schälen und in feine Würfel schneiden. Die Zwiebelwürfel in einer Pfanne in der Kräuterbutter glasig dünsten. Die Eier trennen. Den Feta in kleine Würfel schneiden.

3 Den Backofen auf 180 °C vorheizen. Portionsförmchen oder die Vertiefungen einer Muffinbackform einfetten und mit Bröseln ausstreuen. Die Zwiebeln, den Quark, den Parmesan, den Feta und die Eigelbe zur Kartoffelmasse geben, mit Salz, Pfeffer und Muskatnuss würzen und alles gut mischen. Die Eiweiße steif schlagen und nach und nach mit den Kartoffelwürfeln unter den Kartoffelteig ziehen.

4 Die Soufflémasse auf die Förmchen verteilen und im Ofen auf der mittleren Schiene etwa 30 Minuten goldbraun backen. Vorsichtig aus den Förmchen stürzen und sofort servieren.

Kartoffelbrötchen
mit Rosmarin und Knoblauch

Zutaten

Für den Hefeteig:

1 Würfel Hefe (42 g)

400 g Mehl (Type 550)

Salz · 2 EL Olivenöl

1 EL gehackter Rosmarin

Mehl für die Arbeitsfläche

Für den Belag:

ca. 200 g kleine vorwiegend
festkochende Kartoffeln

Salz · 1 Knoblauchzehe

(in feinen Würfeln)

2 EL Olivenöl

1 EL gehackter Rosmarin

Pfeffer aus der Mühle

Zubereitung
FÜR 12 STÜCK

1 Für den Hefeteig die Hefe zerbröckeln und in einer kleinen Schüssel in etwas lauwarmem Wasser auflösen. 2 EL Mehl untermischen und den Vorteig zugedeckt an einem warmen Ort etwa 30 Minuten gehen lassen.

2 Das restliche Mehl auf die Arbeitsfläche häufen, in die Mitte eine Mulde drücken und den Vorteig hineingeben. Mit 1 Prise Salz, dem Olivenöl, dem Rosmarin und etwa 150 ml lauwarmem Wasser zu einem glatten Teig verkneten. Den Teig in einer Schüssel zugedeckt an einem warmen Ort mindestens 1 Stunde gehen lassen, bis sich sein Volumen verdoppelt hat. Den Teig auf der bemehlten Arbeitsfläche gut durchkneten, zu 12 Kugeln formen und flach drücken.

3 Den Backofen auf 225 °C vorheizen. Die Kartoffeln schälen, waschen und in dünne Scheiben hobeln. Kartoffelscheiben 1 bis 2 Minuten in Salzwasser blanchieren, abschrecken und abtropfen lassen. Kartoffeln und Knoblauch auf den Teigfladen verteilen, mit Öl bestreichen, und mit Rosmarin bestreuen, salzen und pfeffern. Auf einem mit Backpapier ausgelegten Blech im Ofen 15 bis 20 Minuten backen.

Quarkkeulchen

mit Rosinen und Zitrone

*Aus Großmutters Küche: Ganz klassisch mit Rosinen und Quark
zeigen die rustikalen Knollen sich hier von ihrer süßen Seite*

Zutaten

750 g mehlig kochende
Kartoffeln · Salz

75 g Rosinen

1 unbehandelte Zitrone

125 g Mehl

250 g Magerquark

2 Eier

Butterschmalz zum Ausbacken

Puderzucker zum Bestäuben

Zubereitung

FÜR 4 PERSONEN

1 Am Vortag die Kartoffeln waschen und in der Schale in kochendem Salzwasser weich garen. Abgießen, ausdampfen lassen, pellen und möglichst heiß durch die Kartoffelpresse in eine Schüssel drücken. Die Kartoffelmasse zugedeckt über Nacht ruhen lassen.

2 Am nächsten Tag die Rosinen in heißem Wasser 10 Minuten quellen lassen. Die Zitrone heiß waschen, trocken reiben und die Schale fein abreiben, den Saft auspressen.

3 Die Kartoffelmasse mit der Zitronenschale und dem -saft, dem Mehl, dem Quark und den Eiern zu einem Teig verkneten. Die Rosinen abtropfen lassen und untermischen. Aus dem Kartoffelteig kleine flache runde Plätzchen formen.

4 Reichlich Butterschmalz in einer Pfanne erhitzen und die Quarkkeulchen darin auf beiden Seiten goldbraun ausbacken. Aus der Pfanne nehmen und auf Küchenpapier abtropfen lassen. Mit Puderzucker bestäubt servieren.

Tipp

Zu den Quarkkeulchen, einer sächsischen Spezialität, servieren Sie am besten Apfel-, Pflaumen- oder Kirschkompott. Sie können die Quarkkeulchen statt mit Puderzucker mit Zimt-Zucker bestreuen.

Kartoffelkuchen
mit Rumrosinen

Zutaten

100 g Rosinen · 2 cl brauner Rum

Butter und Weißbrotbrösel

für die Form

300 g gegarte mehlig kochende

Kartoffeln · 180 g Mehl

1 Päckchen Backpulver

je 1 Msp. Zimtpulver und

gemahlener Kardamom

125 g Zucker · 60 g weiche Butter

abgeriebene Schale von

½ unbehandelten Zitrone

3 Eier · Salz

50 g flüssige Butter

Zucker zum Bestreuen

Zubereitung
FÜR 1 SPRINGFORM

1 Die Rosinen im Rum einweichen. Den Backofen auf 200 °C vorheizen. Eine Springform (26 cm Durchmesser) einfetten und mit Bröseln ausstreuen. Die Kartoffeln pellen und fein reiben.

2 Das Mehl mit dem Backpulver, Zimt und Kardamom in eine Schüssel sieben. Den Zucker, die Butter, die Zitronenschale, die Eier, 1 Prise Salz, die Kartoffeln und die Rosinen dazugeben und alles zu einem glatten, geschmeidigen Teig verkneten.

3 Den Kartoffelteig in die Form füllen, glatt streichen und im Ofen auf der mittleren Schiene 30 bis 40 Minuten backen.

4 Den Kuchen aus dem Ofen nehmen, mit der flüssigen Butter bestreichen und mit Zucker bestreuen. Den Kartoffelkuchen in der Form auskühlen lassen. Dann aus der Form lösen und zum Servieren in Stücke schneiden.

Kartoffelbrot
mit Majoran

Zutaten

275 g Roggenmehl (Type 997)

275 g Weizenmehl (Type 550)

1 EL Trockensauerteig

1 Päckchen Trockenhefe

1 TL Zucker · Salz

1 TL getrockneter Majoran

1 Msp. frisch geriebene
Muskatnuss

1 EL Hefeflocken

150 g gegarte mehlig kochende
Kartoffeln (vom Vortag)

200 ml Gemüsebrühe

Mehl für die Arbeitsfläche

Öl für das Blech

Zubereitung
FÜR 1 BROT (1 KG)

1 Die beiden Mehlsorten mit dem Trockensauerteig und der Trockenhefe in einer Schüssel mischen. Zucker, 2 TL Salz, Majoran, Muskatnuss
und Hefeflocken untermischen. Die Kartoffeln
pellen, fein reiben oder durch die Kartoffelpresse drücken und zur Mehlmischung geben.
Die Brühe dazugießen.

2 Alles mit den Knethaken des Handrührgeräts
zu einem festen Teig kneten, dabei 100 bis
150 ml lauwarmes Wasser dazugeben. Zugedeckt
an einem warmen Ort 30 Minuten gehen lassen.

3 Den Teig nochmals kurz durchkneten und auf
der bemehlten Arbeitsfläche zu einem läng-
lichen Laib formen. Ein Backblech einfetten
und den Teig darauflegen. Die Oberseite des
Brots mit einem Messer mehrmals quer einschneiden. Anschließend zugedeckt nochmals
30 Minuten gehen lassen.

4 Den Backofen auf 200 °C vorheizen. Das Brot
im Ofen auf der mittleren Schiene 45 bis 50 Minuten goldbraun backen. Herausnehmen und
nach Belieben mit frischer Butter servieren.

Beilagen & Vegetarisches

Reibekuchen
mit Birnen-Mango-Kompott

Da geht's hoch her: Bei goldbraunen Kartoffelplätzchen und
fruchtigem Kompott kommen Süßmäuler ganz auf ihre Kosten

Zutaten

Für das Kompott:

6 Birnen

2 Mangos

1 Orange

2 EL Honig

1 Sternanis

1 Zimtstange

Für die Reibekuchen:

800 g mehlig kochende
Kartoffeln

2 EL Speisestärke

2 Eier · Salz

frisch geriebene Muskatnuss

Butterschmalz zum Braten

Zubereitung

FÜR 4–6 PERSONEN

1 Für das Kompott die Birnen waschen, vierteln und die Kerngehäuse entfernen. Die Birnenviertel in Würfel schneiden. Das Mangofruchtfleisch vom Stein schneiden, schälen und ebenfalls in Würfel schneiden. Die Orange auspressen.

2 Die Fruchtwürfel in einen Topf geben und mit dem Orangensaft, dem Honig, dem Sternanis und dem Zimt zugedeckt aufkochen lassen. Dann bei schwacher Hitze etwa 5 Minuten ziehen lassen. Den Topf vom Herd nehmen und das Kompott unter gelegentlichem Rühren abkühlen lassen. Die ganzen Gewürze wieder entfernen.

3 Für die Reibekuchen die Kartoffeln schälen, waschen und auf der Küchenreibe fein raspeln. Aus den Kartoffelraspeln mit den Händen das Wasser ausdrücken und die Raspel in einer Schüssel mit der Stärke und den Eiern mischen. Die Masse mit Salz und Muskatnuss würzen. Backofen auf 100 °C vorheizen.

4 In einer Pfanne portionsweise etwas Butterschmalz zerlassen. Aus der Kartoffelmasse mit einem Esslöffel Portionen abstechen und als kleine runde Plätzchen in das heiße Butterschmalz setzen. Die Reibekuchen auf beiden Seiten bei mittlerer Hitze langsam goldbraun und knusprig braten. Aus der Kartoffelmasse nach und nach weitere Reibekuchen braten, bis sie aufgebraucht ist. Die Reibekuchen auf Küchenpapier abtropfen lassen und im Ofen warm halten, bis alle gebraten sind. Die Reibekuchen mit Birnen-Mango-Kompott servieren.

Tipp

Reibekuchen, auch Kartoffelpuffer oder in Bayern Reiberdatschi genannt, können Sie natürlich auch pikant, z. B. mit Sauerkraut servieren. Dann 3 EL Zwiebelwürfel unter die Kartoffelmasse mischen.

Stampfkartoffeln, Kartoffelpuffer
und Kümmelkartoffeln

Aus der Bahn, Kartoffelschmarrn: Wer sich bei diesen Begleitern
partout nicht entscheiden kann, lässt die Hauptspeise einfach weg

Zutaten

Für die Stampfkartoffeln:

1 kg mehlig kochende
Kartoffeln

ca. ¼ l Milch

4 EL kalte Butter

2 EL Crème fraîche

1 Bund Schnittlauch · Salz

frisch geriebene Muskatnuss

Für die Kartoffelpuffer:

1 kg gegarte festkochende
Kartoffeln (vom Vortag) · Salz

frisch geriebene Muskatnuss

1 Zwiebel

80–100 g Butter

Für die Kümmelkartoffeln:

1 kg neue Kartoffeln

4 EL Öl

2 EL ganzer Kümmel

Meersalz

Pfeffer aus der Mühle

Zubereitung

1 Für die Stampfkartoffeln die Kartoffeln waschen und in der Schale in einen Dämpfeinsatz geben. Den Dämpfeinsatz in einen Topf mit wenig Wasser stellen und die Kartoffeln zugedeckt über dem heißen Dampf weich garen. Die Kartoffeln ausdampfen lassen, pellen und möglichst heiß mit dem Kartoffelstampfer grob zerdrücken.

2 Die Milch erhitzen und nach und nach mit 3 EL kalter Butter und der Crème fraîche unter die Kartoffeln rühren. Den Schnittlauch waschen, trocken schütteln, in feine Röllchen schneiden und untermischen. Mit Salz und Muskatnuss würzen und mit den restlichen Butterflocken bestreut servieren.

3 Für die Kartoffelpuffer die Kartoffeln pellen, raspeln und mit Salz und Muskatnuss würzen. Die Zwiebel schälen, in feine Würfel schneiden und in einer Pfanne in 2 EL Butter andünsten. Die Kartoffelraspel dazugeben, verteilen, flach drücken und auf einer Seite etwa 2 Minuten anbraten. Dann wenden und wieder andrücken. 4 EL Butter daraufgeben, den Deckel aufsetzen und den Puffer bei schwacher Hitze etwa 10 Minuten goldbraun anbraten.

4 Dann den Kartoffelpuffer wenden, die restliche Butter auf den Puffer geben und zugedeckt etwa 10 weitere Minuten fertig backen. Mit zwei Gabeln grob zerreißen und servieren.

5 Für die Kümmelkartoffeln den Backofen auf 180 °C vorheizen. Die Kartoffeln gut abbürsten, waschen und je nach Größe halbieren oder vierteln. In einer großen Schüssel mit dem Öl, dem Kümmel, etwas Meersalz und Pfeffer mischen und auf einem mit Backpapier ausgelegten Backblech verteilen. Die Kümmelkartoffeln im Ofen auf der mittleren Schiene 30 bis 40 Minuten goldbraun backen.

Fingernudeln
mit Knoblauch und Vanille

Zutaten

1 kg mehlig kochende
Kartoffeln · Salz

1 Ei

100 g Mehl

2 EL Speisestärke

frisch geriebene Muskatnuss

4 EL Butter

1 Knoblauchzehe

½ Vanilleschote

Zubereitung

FÜR 4 PERSONEN

1 Die Kartoffeln waschen und in der Schale in
kochendem Salzwasser weich garen. Abgießen,
ausdampfen lassen, pellen, möglichst heiß
durch die Kartoffelpresse drücken und auskühlen lassen.

2 Die Kartoffelmasse in einer Schüssel mit Ei,
Mehl, Speisestärke, etwas Salz und 1 Prise Muskatnuss zu einem glatten, elastischen Teig verkneten. Den Teig zu fingerdicken Rollen formen.
Etwa 6 cm lange Stücke abschneiden und zu Fingernudeln mit spitz zulaufenden Enden formen.

3 In einem Topf reichlich Salzwasser aufkochen
und die Fingernudeln darin 3 bis 4 Minuten
garen, bis sie an der Oberfläche schwimmen.
In ein Sieb abgießen, kalt abschrecken und
abtropfen lassen. Auf einem Küchentuch abkühlen lassen.

4 Die Butter in einer großen Pfanne erhitzen
und die Fingernudeln darin goldbraun braten.
Den Knoblauch schälen und in Scheiben schneiden. Mit der Vanilleschote zu den Fingernudeln
geben und mitbraten.

Kartoffelrösti

aus rohen Kartoffeln

Zutaten

1 kg festkochende Kartoffeln

Salz · Pfeffer aus der Mühle

frisch geriebene Muskatnuss

5–6 EL Öl

Zubereitung

FÜR 4 PERSONEN

1 Die Kartoffeln schälen, waschen und auf der Gemüsereibe in feine Streifen raspeln. Die Kartoffelstreifen mit etwas Salz, Pfeffer und Muskatnuss würzen und einige Minuten ziehen lassen. Aus den Kartoffelstreifen mit den Händen das Wasser ausdrücken.

2 Die Hälfte vom Öl in einer Pfanne erhitzen. Die Kartoffelstreifen als kleine Häufchen in die Pfanne geben und mit einem Löffel flach drücken, sodass etwa ½ cm dicke Rösti entstehen.

3 Die Rösti bei mittlerer Hitze 8 bis 10 Minuten goldbraun anbraten. Die Rösti wenden, das restliche Öl hinzufügen und die anderen Seiten ebenfalls langsam goldbraun braten. Die Rösti herausnehmen und auf Küchenpapier abtropfen lassen. Dazu passt Apfelkompott, Räucherlachs oder ein Dip aus saurer Sahne.

Kartoffelgratin
mit Gruyère

*Ein unschlagbares Duo: Wenn sich würziger Käse zart schmelzend
um sämige Kartoffelscheiben legt, geraten Genießer ins Schwärmen*

Zutaten

Butter für die Form

400 g Sahne

1 Knoblauchzehe

1 Zweig Thymian

1 Streifen unbehandelte
Zitronenschale

Salz · Pfeffer aus der Mühle

frisch geriebene Muskatnuss

1 kg mehlig kochende
Kartoffeln

100 g Gruyère (am Stück)

Zubereitung
FÜR 4 PERSONEN

1 Den Backofen auf 180 °C vorheizen. Eine ofenfeste Form einfetten. Die Sahne in einem Topf aufkochen und vom Herd nehmen. Den Knoblauch schälen und halbieren. Den Thymian waschen und trocken schütteln. Beides mit der Zitronenschale
in die Sahne geben und etwa 10 Minuten darin ziehen lassen.
Die Gewürze entfernen und die Sahne kräftig mit Salz und
Pfeffer und 1 Prise Muskatnuss würzen.

2 Die Kartoffeln schälen, waschen und in dünne Scheiben
hobeln. Die Kartoffelscheiben mit der Sahne mischen und in
die Form füllen. Den Käse reiben und die Kartoffeln damit
bestreuen. Das Kartoffelgratin im Ofen auf der mittleren
Schiene etwa 50 Minuten goldbraun backen.

Tipp

Falls das Gratin zu stark bräunt, sollten Sie die
Form zum Schluss mit Alufolie abdecken. Figur-
bewusste ersetzen die Hälfte der Sahne durch Milch
und lassen den Käse weg.

Kartoffelgratin
mit Zucchini und Schalotten

*Rundum geglückt: Dieses Gratin sieht nicht nur toll aus,
sondern überzeugt geschmacklich selbst Gemüsemuffel*

Zutaten

750 g festkochende
Kartoffeln

1 großer Zucchino

200 g Gruyère (am Stück)

2 Schalotten

2 Knoblauchzehen

1 EL Butter

Butter für die Form

Salz · Pfeffer aus der Mühle

frisch geriebene Muskatnuss

200 g Sahne

2 Eigelb

1 Frühlingszwiebel

Zubereitung
FÜR 4 PERSONEN

1   Die Kartoffeln schälen, waschen und in dünne Scheiben schneiden oder hobeln. Den Zucchino putzen, waschen und ebenfalls in dünne Scheiben schneiden oder hobeln. Den Gruyère grob reiben.

2   Die Schalotten und den Knoblauch schälen und in feine Würfel schneiden. Die Butter in einer Pfanne erhitzen und die Schalotten- und Knoblauchwürfel darin andünsten.

3   Den Backofen auf 180 °C vorheizen. Eine ofenfeste Form oder vier kleine Formen einfetten, die Kartoffel- und Zucchinischeiben dachziegelartig hineinschichten. Dann Schalotten und Knoblauch darübergeben und mit Salz, Pfeffer und Muskatnuss würzen. Alles mit dem Käse bestreuen.

4   Die Sahne mit den Eigelben verquirlen und über die Kartoffeln gießen. Das Kartoffelgratin im Ofen auf der mittleren Schiene etwa 45 Minuten backen.

5   Die Frühlingszwiebel putzen, waschen und in feine Streifen schneiden. Das Kartoffelgratin mit den Frühlingszwiebelstreifen und nach Belieben mit Kapuzinerkresseblüten garniert servieren.

Tipp

Für mehr Abwechslung ersetzen Sie den Zucchino doch mal durch Möhren, Kohlrabi oder Fenchel. Statt Gruyère können Sie auch einen anderen gut schmelzenden Käse wie z.B. Gouda verwenden.

Kartoffelplätzchen
mit Rucolafüllung

Zutaten

600 g frisch gegarte mehlig
kochende Kartoffeln

1 Knoblauchzehe

20 g geriebener Parmesan

1 Ei · 1 Eigelb

1 EL gehackte Petersilie

1 EL gehacktes Basilikum

Salz · Pfeffer aus der Mühle

frisch geriebene Muskatnuss

je 1 gelbe und grüne
Paprikaschote

1–2 Frühlingszwiebeln

125 g Rucola

1 EL Butter · 3–4 EL Öl

Zubereitung
FÜR 4 PERSONEN

1 Die Kartoffeln pellen und möglichst heiß durch
die Kartoffelpresse in eine Schüssel drücken.
Abkühlen lassen. Den Knoblauch schälen, in
feine Würfel schneiden und mit Käse, Ei, Eigelb
und den Kräutern zu den Kartoffeln geben.
Alles zu einem glatten Teig verkneten, mit
Salz, Pfeffer und Muskatnuss würzen.

2 Für die Füllung die Paprikaschoten längs halbieren, entkernen, waschen und in sehr kleine
Würfel schneiden. Die Frühlingszwiebeln putzen,
waschen und fein hacken. Den Rucola verlesen,
waschen und trocken schütteln, grobe Stiele
entfernen. Die Blätter fein schneiden. Paprika
und Frühlingszwiebeln in einer Pfanne in der
Butter bei mittlerer Hitze weich dünsten.
Rucola dazugeben und 2 Minuten mitdünsten,
mit Salz und Pfeffer würzen.

3 Kartoffelteig in 12 Portionen teilen und jede
etwas flach drücken. Jeweils 1 TL Füllung in
die Mitte setzen und mit dem Teig umhüllen.
Das Öl in einer Pfanne erhitzen und die flachen
Taler darin bei mittlerer Hitze auf beiden Seiten etwa 5 Minuten braten. Nach Belieben mit
Tomatensauce und gemischtem Salat servieren.

Kartoffel-Apfel-Gratin
mit Thymian und Camembert

Zutaten

800 g festkochende Kartoffeln

3 säuerliche Äpfel (z.B. Boskop)

2 EL Zitronensaft

Butter für die Form

Salz · Pfeffer aus der Mühle

2 TL gehackter Thymian

200 g Camembert

250 g Sahne

2 EL Butter

einige Thymianblättchen

für die Deko

Zubereitung

FÜR 4 PERSONEN

1 Die Kartoffeln schälen, waschen und in feine Scheiben schneiden oder hobeln. Die Äpfel schälen, vierteln und die Kerngehäuse entfernen. Die Apfelviertel in dünne Spalten schneiden und sofort mit dem Zitronensaft beträufeln. Eine ofenfeste Form einfetten.

2 Den Backofen auf 180 °C vorheizen. Die Kartoffel- und Apfelscheiben abwechselnd in die Form schichten, jede Schicht mit Salz und Pfeffer würzen und mit etwas Thymian bestreuen.

3 Den Käse in Scheiben schneiden und nach Belieben entrinden. Die Sahne über die Kartoffel- und Apfelscheiben gießen, den Käse darauf verteilen und mit Butterflocken belegen. Das Kartoffel-Apfel-Gratin im Ofen auf der mittleren Schiene etwa 50 Minuten backen. Mit Thymian bestreut servieren.

Kartoffel-Kürbis-Gratin
mit Kokosmilch und Ingwer

*Fernost lässt grüßen: Die Mischung aus Kartoffeln,
Kürbis und Kokosmilch sorgt für einen Hauch Exotik auf dem Tisch*

Zutaten

300 g festkochende Kartoffeln

300 g orangefarbenes
Kürbisfruchtfleisch
(z. B. Hokkaido)

1 Knoblauchzehe

2 Frühlingszwiebeln

ca. 300 ml Kokosmilch

1 TL geriebener Ingwer

1 Spritzer Limettensaft

Salz · Cayennepfeffer

1 EL Butter

Pfeffer aus der Mühle

einige Stiele Koriander
für die Deko

Zubereitung
FÜR 2 PERSONEN

1 Den Backofen auf 180 °C vorheizen. Die Kartoffeln schälen und waschen, das Kürbisfruchtfleisch schälen und, falls nötig, die Kerne entfernen. Kartoffeln und Kürbis in dünne Scheiben schneiden oder hobeln.

2 Den Knoblauch schälen und in feine Würfel schneiden. Die Frühlingszwiebeln putzen, waschen und schräg in etwa 2 cm lange Stücke schneiden.

3 Die Kokosmilch in eine Schüssel geben. Den Ingwer mit dem Knoblauch und dem Limettensaft hinzufügen und unterrühren. Mit Salz und Cayennepfeffer würzen.

4 Die Kartoffel- und die Kürbisscheiben abwechselnd in ofenfeste Schälchen schichten. Die Frühlingszwiebeln darüberstreuen und die Kokosmilch darauf verteilen. Das Gratin mit Butterflocken bestreuen und im Ofen auf der mittleren Schiene etwa 45 Minuten backen. Mit grobem Pfeffer aus der Mühle bestreuen und mit Koriander garniert servieren.

Tipp

Anstelle von Kürbis kann man auch Süßkartoffeln verwenden. Für selbst gemachte Kokosmilch 150 g Kokosraspel in 1/2 l Milch aufkochen und 1 Stunde ziehen lassen. Dann durch ein Sieb gießen.

Kartoffelpfanne
mit Auberginen und Bohnen

*Herrlich mediterran: Wenn der Duft von geschmortem Knoblauch
und Gemüse aus dem Ofen strömt, kommen die Gäste von ganz allein*

Zutaten

8 kleine neue Kartoffeln · Salz

½ dünne Aubergine

je ½ gelbe und rote
Paprikaschote

½ Zucchino

1 Möhre

1 Knoblauchzehe

2 kleine Schalotten

100 g grüne Bohnen

½ Fenchelknolle

2 Zweige Thymian

Olivenöl zum Braten und
zum Beträufeln

Pfeffer aus der Mühle

Zubereitung
FÜR 2 PERSONEN

1 Die Kartoffeln gut abbürsten, waschen und in kochendem Salzwasser etwa 20 Minuten halb gar kochen.

2 Die Aubergine putzen, waschen, längs halbieren und in Scheiben schneiden. Die Auberginenscheiben salzen und 15 Minuten Wasser ziehen lassen. Die Paprikahälften entkernen, waschen und in mundgerechte Stücke schneiden. Den Zucchino putzen, waschen und in Scheiben schneiden.

3 Die Möhre putzen, schälen und in Scheiben schneiden. Den Knoblauch schälen und halbieren. Die Schalotten schälen und nach Belieben halbieren. Die Bohnen putzen und waschen. Den Fenchel putzen, waschen und den harten Strunk aus der Mitte schneiden, sodass die Blätter noch zusammenhalten. Den Fenchel in dünne Spalten schneiden. Die Auberginenscheiben mit Küchenpapier abtupfen. Den Thymian waschen und trocken schütteln.

4 Die Möhrenscheiben in kochendem Wasser etwa 4 Minuten blanchieren. Mit dem Schaumlöffel herausheben, kalt abschrecken und abtropfen lassen. Anschließend die Bohnen etwa 8 Minuten blanchieren und ebenfalls kalt abschrecken und abtropfen lassen.

5 Den Backofen auf 180 °C vorheizen. Das vorbereitete Gemüse, bis auf die Kartoffeln, nacheinander in einer großen Pfanne jeweils in etwas Olivenöl goldbraun anbraten.

6 Herausnehmen und mit den Kartoffeln und den Thymianzweigen in eine ofenfeste Form geben. Das Gemüse mit Salz und Pfeffer würzen und mit etwas Olivenöl beträufeln. Im Ofen auf der mittleren Schiene etwa 10 Minuten fertig garen. Die Kartoffelpfanne mit geröstetem Weißbrot servieren.

Rosmarinkartoffeln
in Meersalz gebacken

Zutaten

12 mittelgroße festkochende Kartoffeln

3 kg grobes Meersalz

1/2 Bund Rosmarin

Zubereitung
FÜR 4 PERSONEN

1 Den Backofen auf 200 °C vorheizen. Die Kartoffeln gut abbürsten, waschen und trocken reiben. Ein Backblech mit Backpapier auslegen. Die Hälfte des Meersalzes darauf verteilen und die Kartoffeln daraufsetzen. Den Rosmarin waschen, trocken schütteln und darauf verteilen. Mit dem restlichen Meersalz bedecken.

2 Die Kartoffeln im Ofen auf der mittleren Schiene 1 1/4 Stunden garen. Die Temperatur auf 60 °C herunterschalten und die Kartoffeln etwa 1 Stunde weitergaren. Rosmarinkartoffeln zu kurz gebratenem oder gegrilltem Fisch oder Fleisch servieren.

Kreuzkümmelkartoffeln
mit Ingwer und Joghurt-Dip

Zutaten

1 kg festkochende
Kartoffeln · Salz

250 g Naturjoghurt

2 EL Zitronensaft

Zucker

4 EL Olivenöl

1 TL Kreuzkümmelsamen

2 TL geriebener Ingwer

2 TL gemahlener Kreuzkümmel

1 TL Cayennepfeffer

Pfeffer aus der Mühle

1/2 Bund Koriander

Zubereitung
FÜR 4 PERSONEN

1 Die Kartoffeln waschen und in der Schale in kochendem Salzwasser weich garen.

2 Für den Dip den Joghurt in einer Schüssel mit dem Zitronensaft verrühren und mit Salz und Zucker würzen. Die Kartoffeln abgießen, kalt abschrecken und etwas abkühlen lassen. Kartoffeln pellen und in grobe Stücke schneiden.

3 Das Olivenöl in einer Pfanne erhitzen. Die Kreuzkümmelsamen hineingeben und bei mittlerer Hitze kurz anrösten, bis sie stark duften.

4 Dann die Kartoffelwürfel, Ingwer, gemahlenen Kreuzkümmel und Cayennepfeffer dazugeben und unter Rühren etwa 10 Minuten braten. Die Bratkartoffeln mit Salz und Pfeffer würzen.

5 Den Koriander waschen, trocken schütteln, die Blätter von den Stielen zupfen und grob hacken. Die Pfanne vom Herd nehmen, den Koriander unterrühren und die Bratkartoffeln mit dem Joghurt-Dip sofort servieren.

Kartoffelcurry
mit Mango und Mohn

Gib der Kartoffel Feuer: Chili, Ingwer und eine Mischung raffiniert duftender Gewürze heizen den Knollen hier so richtig ein

Zutaten

700 g kleine festkochende Kartoffeln

je 1 Zwiebel und Knoblauchzehe

100 g junger Blattspinat

2 EL Ghee (ind. Butterschmalz) oder Butterschmalz

1 TL geriebener Ingwer

1 TL gemahlene Kurkuma

1 Msp. Cayennepfeffer

½ l Gemüsebrühe · Salz

1 rote Chilischote

1 kleine Mango

1 TL gemahlener Kardamom

je 1 TL Zimt- und Nelkenpulver

1 TL gemahlener Kreuzkümmel

1 TL Garam Masala

Pfeffer aus der Mühle

1 TL Mohnsamen

Zubereitung

FÜR 4 PERSONEN

1 Die Kartoffeln schälen, waschen und in mundgerechte Stücke schneiden. Die Zwiebel und den Knoblauch schälen und in feine Würfel schneiden. Den Spinat verlesen, waschen und trocken schütteln, dabei grobe Stiele entfernen.

2 Das Ghee oder Butterschmalz in einem Topf erhitzen und die Zwiebel, den Knoblauch und den Ingwer darin andünsten. Kurkuma und Cayennepfeffer einrühren, die Kartoffeln hinzufügen und kurz mitdünsten lassen. Die Brühe dazugießen und alles zugedeckt etwa 20 Minuten köcheln lassen. Dann den Spinat dazugeben und weitere 5 Minuten köcheln lassen. Das Curry mit Salz würzen.

3 Inzwischen die Chilischote längs aufschneiden, entkernen, waschen und längs in sehr feine Streifen schneiden. Das Mangofruchtfleisch vom Stein schneiden, schälen und in dünne Scheiben schneiden.

4 Kardamom, Zimt- und Nelkenpulver, Kreuzkümmel und Garam Masala sowie ½ TL gemahlenen Pfeffer in einer beschichteten Pfanne ohne Fett anrösten, bis die Gewürze zu duften beginnen. Die Gewürze unter das Kartoffelcurry mischen und in Schälchen anrichten. Jeweils einige Mangoscheiben darauf verteilen, mit etwas Mohn bestreuen und mit Chilistreifen garniert servieren.

Tipp

Zu dem Curry servieren Sie am besten ganz stilecht Pappadam (Linsenfladen) oder Chapati (indisches Fladenbrot). Beide Brotsorten bekommen Sie in gut sortierten Asienläden.

Gemüsecurry
mit Fladenbrot

Genießen wie in 1001 Nacht: Das Zusammenspiel exotischer Aromen verzaubert Kartoffelliebhaber und Feinschmecker gleichermaßen

Zutaten

300 g Erbsen (tiefgekühlt)

500 g festkochende Kartoffeln

4 Möhren

120 g Frühlingszwiebeln

2 rote Chilischoten

3 EL Ghee (ind. Butterschmalz) oder Butterschmalz

1 EL Panch Foron (ind. Gewürzmischung)

1 TL Garam Masala

1 TL geriebene Kurkuma

1 TL gemahlener Kreuzkümmel

2 TL Paprikapulver (edelsüß)

1 TL geriebener Ingwer

400 ml Gemüsebrühe

Salz · Pfeffer aus der Mühle

Zubereitung
FÜR 4 PERSONEN

1 Die Erbsen auftauen lassen. Die Kartoffeln schälen und waschen, die Möhren putzen und schälen und beides in 2 cm große Würfel schneiden. Die Frühlingszwiebeln putzen, waschen und in feine Ringe schneiden.

2 Die Chilischoten längs halbieren, entkernen, waschen und in feine Streifen schneiden.

3 Das Ghee oder Butterschmalz in einem großen Topf erhitzen und Panch Foron, Garam Masala, Kurkuma, Kreuzkümmel und Paprika unter Rühren darin andünsten, bis die Gewürze zu duften beginnen. Die Frühlingszwiebelringe dazugeben und mitdünsten. Die Kartoffel- und die Möhrenwürfel mit den Chilistreifen und dem geriebenen Ingwer dazugeben und das Gemüse bei mittlerer Hitze unter gelegentlichem Rühren etwa 4 Minuten braten.

4 Die Brühe dazugießen und das Curry bei mittlerer Hitze etwa 20 Minuten köcheln lassen, bis Möhren und Kartoffeln bissfest sind, dabei mehrmals umrühren. Etwa 5 Minuten vor Garzeitende die Erbsen unterrühren. Das Curry mit Salz und Pfeffer abschmecken und nach Belieben mit Fladenbrot servieren.

Tipp

Ghee (geklärte Butter) hat einen angenehmen, leicht nussigen Geschmack und kommt in der indischen Küche oft zum Einsatz. Man kann es im Asien- und Bioladen kaufen oder selbst zubereiten.

Kartoffel-Zucchini-Curry
mit Cashewkernen

Zutaten

500 g kleine Zucchini

300 g Cocktailtomaten

1 kg festkochende Kartoffeln

1 Gemüsezwiebel

1 Knoblauchzehe

2 EL Ghee (ind. Butterschmalz)
oder Butterschmalz

2 TL geriebener Ingwer

1 EL Currypulver

1 TL gemahlener Kreuzkümmel

Salz · Pfeffer aus der Mühle

1/2 l Gemüsebrühe

60 g Cashewkerne

Zubereitung
FÜR 4 PERSONEN

1 Die Zucchini putzen, waschen und in Stücke schneiden. Die Cocktailtomaten waschen, halbieren und in Spalten schneiden. Die Kartoffeln schälen und in Würfel schneiden. Die Zwiebel und den Knoblauch schälen, waschen und in feine Würfel schneiden.

2 Das Ghee oder Butterschmalz in einem großen Topf erhitzen und die Kartoffeln darin rundum anbraten. Die Zucchini dazugeben und ebenfalls anbraten. Zwiebel, Knoblauch und Ingwer kurz mitbraten und mit Curry, Kreuzkümmel, Salz und Pfeffer würzen. Die Tomaten und die Brühe dazugeben und das Curry zugedeckt bei schwacher Hitze etwa 15 Minuten köcheln lassen. Mit Salz und Pfeffer abschmecken.

3 Die Cashewkerne in einer beschichteten Pfanne ohne Fett goldbraun rösten. Das Curry auf Tellern oder in Schälchen anrichten, mit den gerösteten Cashewkernen und nach Belieben mit Kreuzkümmelsamen bestreuen.

Süßkartoffelpüree
mit Sahne und Zimt

Zutaten

800 g Süßkartoffeln

ca. 200 g Sahne

2 EL weiche Butter

½ unbehandelte Zitrone
oder Orange

Salz · Pfeffer aus der Mühle

Zimtpulver

Zubereitung
FÜR 4 PERSONEN

1 Den Backofen auf 220 °C vorheizen. Das Ofengitter auf die mittlere Schiene schieben. Die
Süßkartoffeln waschen, trocken reiben und
einzeln fest in Alufolie wickeln. Im Ofen auf
dem Ofengitter etwa 50 Minuten backen.

2 Die Kartoffeln aus den Folien wickeln, halbie-
ren und das Kartoffelfleisch mit einem Löffel
aus den Schalen lösen. Die Sahne in einem
Topf erhitzen. Das Süßkartoffelfleisch in einer
Schüssel nach und nach mit der Sahne und der
Butter mischen und gut verrühren.

3 Die Zitronen- oder Orangenhälfte waschen,
trocken reiben und die Schale mit dem Zesten-
reißer in feinen Streifen abziehen, etwas Saft
auspressen. Das Püree mit dem Zitrussaft, Salz,
Pfeffer und etwas Zimtpulver würzen. Mit den
Zitruszesten garniert servieren. Es passt gut
zu Puten- und vielen weiteren Geflügel- und
Fleischgerichten.

Gnocchi
mit Salbeibutter

Gut geknetet ist halb gewonnen: Hier beweist die Kartoffel,
dass sie auch als Grundlage für Teige eine gute Figur macht

Zutaten

800 g mehlig kochende
Kartoffeln · Salz

80 g Parmesan (am Stück)

120 g Mehl

2 Eigelb

Pfeffer aus der Mühle

frisch geriebene Muskatnuss

Mehl für die Arbeitsfläche

15 Salbeiblätter

100 g Butter

Zubereitung
FÜR 4 PERSONEN

1 Die Kartoffeln waschen und in der Schale in kochendem Salzwasser weich garen. Abgießen, ausdampfen lassen, pellen und möglichst heiß durch die Kartoffelpresse in eine Schüssel drücken. Die Kartoffelmasse abkühlen lassen. Die Hälfte vom Parmesan fein reiben.

2 Die Kartoffelmasse mit dem Mehl, dem geriebenen Parmesan und den Eigelben mischen. Mit Salz, Pfeffer und etwas Muskatnuss würzen und die Masse zu einem glatten, elastischen Teig verkneten.

3 Den Teig auf der bemehlten Arbeitsfläche zu fingerdicken Rollen formen. In etwa 3 cm lange Stücke schneiden und mit dem Gabelrücken Rillen eindrücken.

4 In einem Topf reichlich Salzwasser zum Kochen bringen. Die Gnocchi hineingeben und darin 3 bis 4 Minuten gar ziehen lassen, bis sie an der Oberfläche schwimmen. In ein Sieb abgießen und abtropfen lassen, dabei etwas Kochwasser auffangen und aufbewahren.

5 Den Salbei waschen, trocken tupfen und grob hacken. Die Butter in einer tiefen Pfanne aufschäumen lassen. Die Salbeiblätter hinzufügen und leicht anbraten. Die abgetropften Gnocchi mit etwas Kochwasser hineingeben und darin schwenken. Die Gnocchi in tiefen Tellern anrichten, den restlichen Parmesan grob darüberhobeln und die Gnocchi servieren.

Tipp

Für Spinat-Gnocchi etwa 300 g tiefgekühlten Spinat auftauen lassen und pürieren. Mit 500 g Kartoffeln und den restlichen Zutaten für den Teig wie oben beschrieben verarbeiten.

Gnocchi-Spinat-Pfanne
mit Roquefort und Walnüssen

Auf die Plätze, fertig, los: Gnocchi, Spinat, Nüsse und Käse
sind ein Team, das bei Kartoffelfans garantiert das Rennen macht

Zutaten

1 kg mehlig kochende
Kartoffeln · Salz

250 g Mehl

1 Ei

Mehl für die Arbeitsfläche

600 g junger Blattspinat

6 EL Butter

Pfeffer aus der Mühle

frisch geriebene Muskatnuss

200 g Roquefort

8 EL gehackte Walnusskerne

Zubereitung
FÜR 4 PERSONEN

1 Die Kartoffeln waschen und in der Schale in kochendem Salzwasser weich garen. Abgießen, kurz ausdampfen lassen, pellen und möglichst heiß durch die Kartoffelpresse in eine Schüssel drücken. Abkühlen lassen.

2 Dann das Mehl und das Ei hinzufügen, alles gut mischen, mit Salz würzen und die Masse zu einem glatten, elastischen Teig verkneten. Den Teig auf der bemehlten Arbeitsfläche zu fingerdicken Rollen formen. In etwa 2 cm lange Stücke schneiden und nach Belieben mit dem Gabelrücken Rillen eindrücken.

3 Den Spinat verlesen, waschen und trocken schleudern, dabei grobe Stiele entfernen. In einem Topf wenig Salzwasser zum Kochen bringen und den Spinat darin zusammenfallen lassen. In ein Sieb abgießen, kalt abschrecken und abtropfen lassen. Den Spinat ausdrücken und fein hacken, dann die Spinatblätter wieder auflockern.

4 In einem Topf reichlich Salzwasser zum Kochen bringen. Die Gnocchi hineingeben und darin 3 bis 4 Minuten gar ziehen lassen, bis sie an der Oberfläche schwimmen. In ein Sieb abgießen und abtropfen lassen.

5 Die Butter in einer tiefen Pfanne erhitzen und den Spinat darin 2 bis 3 Minuten dünsten. Die Gnocchi hinzufügen, untermischen und mit Salz, Pfeffer und Muskatnuss würzen. Den Käse zerbröckeln. Die Gnocchi-Spinat-Pfanne mit dem Käse und den Walnüssen bestreut servieren.

Tipp

Roquefort wird aus Schafsrohmilch hergestellt und reift in den Kreidehöhlen um Roquefort in der Auvergne. Der festcremige Edelpilzkäse hat ein einzigartiges würziges Aroma.

Gnocchi
mit Tomatensauce

*Macht satt und glücklich: Aus Kartoffelteig und Sauce
entsteht ein Gericht, das Nudeln fast den Rang ablaufen könnte*

Zutaten

Für die Gnocchi:

750 g mehlig kochende
Kartoffeln · Salz

150 g Mehl

75 g Hartweizengrieß

4 EL Butter

2 Eigelb

Pfeffer aus der Mühle

frisch geriebene Muskatnuss

Mehl für die Arbeitsfläche

Für die Sauce:

6 Tomaten

1 Schalotte

1 Knoblauchzehe

2 EL Olivenöl

Salz · Pfeffer aus der Mühle

Zucker

Parmesan und Basilikum-
blätter zum Bestreuen

Zubereitung

FÜR 4 PERSONEN

1 Für die Gnocchi die Kartoffeln waschen und in der Schale in kochendem Salzwasser weich garen. Abgießen, ausdampfen lassen, pellen und möglichst heiß durch die Kartoffelpresse in eine Schüssel drücken. Abkühlen lassen. Mit Mehl, Grieß, Butter und Eigelben mischen und mit Salz, Pfeffer und Muskatnuss würzen. Die Masse zu einem glatten, elastischen Teig verkneten.

2 Den Teig auf der bemehlten Arbeitsfläche zu fingerdicken Rollen formen. In etwa 3 cm lange Stücke schneiden und mit dem Gabelrücken Rillen eindrücken. In einem Topf reichlich Salzwasser zum Kochen bringen. Die Gnocchi hineingeben und darin 3 bis 4 Minuten gar ziehen lassen, bis sie an der Oberfläche schwimmen. In ein Sieb abgießen und gut abtropfen lassen.

3 Für die Sauce die Tomaten überbrühen, häuten, halbieren, entkernen und in kleine Würfel schneiden.

4 Die Schalotte und den Knoblauch schälen und in feine Würfel schneiden. Das Olivenöl in einer großen Pfanne erhitzen und die Schalotte und den Knoblauch darin andünsten. Die Tomatenwürfel dazugeben und etwa 2 Minuten mitdünsten. Die Sauce mit Salz, Pfeffer und 1 Prise Zucker würzen. Die Gnocchi in die Sauce geben und darin schwenken. In tiefen Tellern anrichten, den Parmesan darüberreiben und mit Basilikumblättern garniert servieren.

Tipp

Besonders lecker sind auch gefüllte Gnocchi: Die Kartoffelteigportionen in der Handfläche flach drücken, etwas Ricotta oder Ziegenfrischkäse in die Mitte geben und den Teig darüber verschließen.

Marillenknödel
mit Butterbröseln

Süße Grüße aus Österreich: Diese fruchtigen Knödel beweisen,
warum unsere Nachbarn als Meister der Mehlspeisenküche gelten

Zutaten

500 g mehlig kochende
Kartoffeln · Salz

30 g Speisestärke

70 g Wiener Grießler
(doppelgriffiges Mehl)

50 g Hartweizengrieß · 1 Ei

3 EL flüssige Butter

1 TL abgeriebene unbehandelte
Zitronenschale

12 kleine Aprikosen
(Marillen)

12 Stück Würfelzucker

100 g Butter

100 g frisch geriebene
Weißbrotbrösel

Zubereitung
FÜR 4 PERSONEN

1 Für die Marillenknödel die Kartoffeln waschen und in der Schale in kochendem Salzwasser weich garen. Abgießen, ausdampfen lassen, pellen und möglichst heiß durch die Kartoffelpresse drücken. Die Kartoffelmasse am besten über Nacht zugedeckt abkühlen lassen.

2 Die Kartoffelmasse mit der Speisestärke, dem Mehl, dem Grieß, dem Ei, der flüssigen Butter, der Zitronenschale und 1 Prise Salz zu einem glatten Teig verkneten.

3 Die Aprikosen waschen, halb aufschneiden und entsteinen. In jede Frucht statt des Steins 1 Stück Würfelzucker geben und nach Belieben auf jedes Zuckerstückchen einige Tropfen Marillenschnaps träufeln.

4 Den Kartoffelteig in 12 gleich große Portionen teilen und leicht flach drücken. In die Mitte jeder Teigscheibe 1 Aprikose geben, mit Teig umhüllen und mit angefeuchteten Händen zu glatten Knödeln drehen.

5 Reichlich Salzwasser in einem Topf aufkochen und die Marillenknödel darin knapp unter dem Siedepunkt etwa 15 Minuten mehr ziehen als köcheln lassen.

6 Für die Butterbrösel die Butter in einer großen Pfanne erhitzen und die Weißbrotbrösel darin unter Rühren bei schwacher bis mittlerer Hitze anrösten. Nach Belieben etwas Zucker und Zimtpulver unterrühren. Die Knödel mit dem Schaumlöffel aus dem Topf heben und auf Küchenpapier abtropfen lassen. In den Butterbröseln wälzen und servieren.

Mit Fisch
& Fleisch

Saiblingsfilet
mit lila Kartoffelsalat

Absolut en vogue: Nicht nur in der Modewelt überzeugt die Farbe Lila als Hingucker und trendiger Farbtupfer

Zutaten

Für den Salat:

400 g festkochende Kartoffeln

400 g Trüffelkartoffeln

(Vitelotte) · Salz

1 Schalotte

ca. 150 ml Gemüsebrühe

1 TL scharfer Senf

3 EL Weißweinessig

2 EL Öl

2 EL gehackte Petersilie

Pfeffer aus der Mühle

Für den Fisch:

8 kleine Saiblingsfilets

(à ca. 80–100 g; mit Haut)

2 EL Öl

2 EL Butter

Salz · Pfeffer aus der Mühle

150 g Rettichwurzel

1 Bund Schnittlauch

Zubereitung

FÜR 4 PERSONEN

1 Für den Salat beide Kartoffelsorten waschen und in der Schale in kochendem Salzwasser weich garen. Abgießen, ausdampfen lassen, pellen und möglichst heiß in Scheiben schneiden. Die Kartoffelscheiben in eine Schüssel geben.

2 Die Schalotte schälen und in feine Würfel schneiden. Die Brühe in einem Topf mit den Schalottenwürfeln erhitzen. Dann den Senf und den Essig unterrühren und das Dressing über die noch warmen Kartoffeln gießen. Alles gut mischen und den Salat etwa 10 Minuten ziehen lassen.

3 Für den Fisch die Saiblingsfilets waschen und trocken tupfen. Das Öl in einer Pfanne erhitzen und die Filets darin auf der Hautseite etwa 2 Minuten goldbraun braten. 1 EL Butter hinzufügen und zerlassen. Die Filets wenden, mit Salz und Pfeffer würzen und vom Herd nehmen. Die Filets in der Resthitze der Pfanne glasig durchziehen lassen.

4 Den Rettich putzen, waschen und in dünne Scheiben hobeln. Den Schnittlauch waschen, trocken schütteln und in Röllchen schneiden. Die restliche Butter in einer Pfanne erhitzen und die Rettichscheiben darin bei schwacher Hitze einige Minuten dünsten. Mit Salz und Pfeffer würzen, die Schnittlauchröllchen hinzufügen und das Rettichgemüse kurz durchschwenken.

5 Das Öl und die Petersilie unter den Kartoffelsalat mischen und den Salat mit Salz und Pfeffer abschmecken. Die Saiblingsfilets auf Teller verteilen, etwas Rettichgemüse daraufgeben und mit dem lila Kartoffelsalat servieren.

Schellfisch
mit Süßkartoffelkruste

Versteckspiel auf dem Teller: Unter einer knusprigen Haube
aus Süßkartoffeln und Bröseln verbirgt sich saftiges Fischfilet

Zutaten

500 g mehlig kochende

Kartoffeln · Salz

ca. 100 ml Milch

2 EL Butter

frisch geriebene Muskatnuss

2 Zweige Rosmarin

1 gegarte Süßkartoffel

(ca. 150 g)

2 Scheiben Weißbrot

(vom Vortag)

4 EL Olivenöl

Pfeffer aus der Mühle

2 Schellfischfilets

(à ca. 180 g; ohne Haut)

Öl für die Form

Zubereitung
FÜR 2 PERSONEN

1 Die Kartoffeln waschen und in der Schale in kochendem Salzwasser weich garen. Abgießen, ausdampfen lassen, pellen und möglichst heiß durch die Kartoffelpresse in eine Schüssel drücken. Die Milch in einem Topf erhitzen, mit der Butter nach und nach zur Kartoffelmasse geben und zu einem geschmeidigen Püree verrühren. Mit Salz und Muskatnuss abschmecken und warm halten.

2 Den Rosmarin waschen und trocken schütteln. Die Süßkartoffel pellen und fein reiben. Das Weißbrot ebenfalls fein reiben. Das Olivenöl in einer Pfanne erhitzen und die Süßkartoffelraspel und die Brösel darin mit dem Rosmarin bei mittlerer Hitze langsam knusprig braten, aber ohne zu bräunen. Mit Salz und Pfeffer würzen.

3 Den Backofen auf 200 °C Oberhitze vorheizen. Die Schellfischfilets waschen, mit Küchenpapier trocken tupfen und leicht mit Salz und Pfeffer würzen. Eine ofenfeste Form einfetten und die Fischfilets hineinlegen. Die Süßkartoffel-Brösel-Masse auf den Fischfilets verteilen und diese im Ofen auf der mittleren Schiene etwa 8 Minuten goldbraun überbacken.

4 Das Püree in tiefen Tellern anrichten und den Schellfisch mit der Süßkartoffelkruste draufleegen. Etwas Pfeffer grob darübermahlen und servieren.

Tipp

Schellfisch hat weißes, sehr mageres Fleisch: In 100 g stecken gerade mal $1/2$ g Fett. Gesalzen und getrocknet wird er als Klippfisch, nur getrocknet als Schellfisch angeboten.

Thunfisch
auf Kartoffel-Wasabi-Püree

Zutaten

800 g sehr frisches Thunfischfilet
(ohne Haut)

Salz · Pfeffer aus der Mühle

3 EL Sojasauce

ca. 700 g mehlig kochende
Kartoffeln

ca. 100 g heiße Sahne

4 EL Butter

2 TL Wasabipaste

2 Tomaten

2 Frühlingszwiebeln

3 EL Sesamöl

2 EL dunkle Sesamsamen

Zubereitung
FÜR 4 PERSONEN

1 Den Thunfisch waschen, mit Küchenpapier trocken tupfen und mit Salz und Pfeffer würzen. Mit der Sojasauce in einen Gefrierbeutel geben, verschließen und 30 Minuten marinieren.

2 Die Kartoffeln waschen und in der Schale in kochendem Salzwasser weich garen. Abgießen, ausdampfen lassen, pellen und möglichst heiß durch die Kartoffelpresse in eine Schüssel drücken. Die Sahne mit der Butter unter die Kartoffelmasse mischen. Mit Salz und Pfeffer würzen und die Wasabipaste unterrühren.

3 Die Tomaten überbrühen, häuten, halbieren, entkernen und in kleine Würfel schneiden. Die Frühlingszwiebeln putzen, waschen und schräg in Ringe schneiden.

4 Das Sesamöl in einer Pfanne erhitzen. Das Thunfischfilet aus der Marinade nehmen, trocken tupfen und in der Pfanne von allen Seiten 4 Minuten kräftig anbraten. Aus der Pfanne nehmen und in den Sesamsamen wenden. Das Fischfilet in dicke Scheiben schneiden und mit dem Kartoffel-Wasabi-Püree auf Tellern anrichten. Mit Tomatenwürfeln und Frühlingszwiebelringen garniert servieren.

Lachsfilets
mit Kartoffelchips

Zutaten

4 Lachsfilets (à ca. 150 g;

ohne Haut) · Salz

2 EL Öl

4 festkochende Kartoffeln

Öl zum Frittieren

Pfeffer aus der Mühle

2 Avocados

2 EL Zitronensaft

2 Knoblauchzehen

einige Tropfen Olivenöl

Cayennepfeffer

2 Tomaten

Zubereitung

FÜR 4 PERSONEN

1 Den Backofen auf 100 °C vorheizen. Die Lachsfilets waschen, trocken tupfen und mit Salz würzen. Das Öl in einer Pfanne erhitzen und die Fischfilets darin auf beiden Seiten scharf anbraten. Die Filets herausnehmen und im Ofen auf der mittleren Schiene etwa 5 Minuten weitergaren.

2 Die Kartoffeln schälen und mit dem Sparschäler dünne, lange Späne abziehen. In kaltem Wasser waschen und trocken tupfen. Das Öl in einer großen Pfanne erhitzen und die Späne darin portionsweise kross ausbacken. Auf Küchenpapier abtropfen lassen und mit Salz und Pfeffer würzen.

3 Die Avocados schälen, den Kern entfernen und das Fruchtfleisch mit einer Gabel grob zerdrücken, mit Zitronensaft beträufeln. Knoblauch schälen, in feine Würfel schneiden und mit etwas Olivenöl, Salz und Cayennepfeffer unter die Avocado rühren. Tomaten waschen, vierteln, entkernen und in Würfel schneiden, unter das Avocadotatar rühren. Das Tatar auf Teller verteilen, die Lachsfilets daraufsetzen und mit Kartoffelchips garniert servieren.

Waller in Kartoffelkruste
mit feiner Biersauce

Zünftig aufgepeppt: Hier zeigt die Kartoffel, dass sie
das Zeug hat, in jeder Rolle für Überraschungen zu sorgen

Zutaten

Für den Fisch:

200 g mehlig kochende
Kartoffeln · Salz

2 EL flüssige Butter

Pfeffer aus der Mühle

frisch geriebene Muskatnuss

1 Ei

4 Stücke Wallerfilet
(à 150 g; ohne Haut)

2 TL Zitronensaft

Für die Sauce:

1 Schalotte

1 Knoblauchzehe

300 ml helles Bier

1 Spritzer Noilly Prat
(franz. Wermut)

1 kleines Lorbeerblatt

1 TL Zuckercouleur

100 g Sahne

Salz · Pfeffer aus der Mühle

1–2 EL kalte Butter

Zubereitung

FÜR 4 PERSONEN

1 Für den Fisch die Kartoffeln waschen und in der Schale in kochendem Salzwasser weich garen. Abgießen, ausdampfen lassen, pellen und möglichst heiß durch die Kartoffelpresse in eine Schüssel drücken. Die Kartoffelmasse abkühlen lassen.

2 Für die Sauce die Schalotte und den Knoblauch schälen und in feine Würfel schneiden. Beides mit Bier, Noilly Prat, Lorbeerblatt und Zuckercouleur in einen Topf geben. Langsam zum Kochen bringen und bei mittlerer Hitze auf die Hälfte einkochen lassen.

3 Den Backofen auf 200 °C vorheizen. Die flüssige Butter unter die Kartoffelmasse rühren und das Püree mit Salz, Pfeffer und Muskatnuss abschmecken. Das Ei trennen, das Eigelb unter das Püree rühren. Das Eiweiß mit 1 Prise Salz halb steif schlagen und unter die Kartoffelmasse heben.

4 Die Wallerfilets waschen und mit Küchenpapier trocken tupfen. Die Filets mit Zitronensaft, Salz und Pfeffer würzen und auf ein mit Backpapier ausgelegtes Backblech legen. Die Kartoffelmasse wellenförmig auf die Fischfilets streichen und die Filets im Ofen auf der obersten Schiene etwa 20 Minuten garen, bis die Püreespitzen leicht gebräunt sind.

5 Inzwischen den Biersud durch ein feines Sieb gießen, die Sahne dazugeben und die Sauce etwas einkochen lassen. Mit Salz und Pfeffer abschmecken und die kalte Butter in Stücken mit dem Stabmixer unterrühren. Die Wallerfilets mit Kartoffelkruste mit der Sauce und nach Belieben mit Dillstielen garniert anrichten.

Gefülltes Rotbarbenfilet
auf Safran-Kartoffelpüree

Kartoffelgenuss de luxe: Der unverwechselbare Geschmack
von Safran macht aus diesem Püree ein ganz besonderes Erlebnis

Zutaten

Für das Püree:

600 g mehlig kochende
Kartoffeln · Salz

ca. 150 ml Milch

1 Döschen Safranfäden (0,1 g)

2 EL Butter

Für den Fisch:

1 Schalotte

1 Knoblauchzehe

1 rote Paprikaschote

1 kleine Aubergine

1 Zucchino

2 EL Olivenöl

Salz · Pfeffer aus der Mühle

4 Rotbarben (Filets jeweils
zusammenhängend ausgelöst)

1 Stange Staudensellerie

2 EL geriebener Parmesan

1 EL Butter (in Stücken)

1 Eigelb

2 EL Paniermehl

1 EL gehackter Rosmarin

Butter für das Backpapier

Zubereitung
FÜR 4 PERSONEN

1 Für das Püree die Kartoffeln waschen und in der Schale in kochendem Salzwasser weich garen. Abgießen, ausdampfen lassen, pellen und möglichst heiß durch die Kartoffelpresse in eine Schüssel drücken. Die Milch aufkochen lassen und den Safran unterrühren. Die heiße Safranmilch mit der Butter nach und nach zur Kartoffelmasse geben und zu einem geschmeidigen Püree verrühren. Mit Salz würzen.

2 Für den Fisch die Schalotte und den Knoblauch schälen und in feine Würfel schneiden. Die Paprika längs halbieren, entkernen, waschen und in kleine Würfel schneiden. Die Aubergine und den Zucchino putzen, waschen und ebenfalls in kleine Würfel schneiden. Das Olivenöl in einer Pfanne erhitzen und die Gemüsewürfel darin dünsten, bis die Flüssigkeit vollständig verdampft ist. Mit Salz und Pfeffer würzen, die Pfanne vom Herd nehmen und das Gemüse abkühlen lassen.

3 Inzwischen die Filets waschen, mit Küchenpapier trocken tupfen und mit Salz und Pfeffer würzen. Den Sellerie putzen, waschen und in dünne Scheiben schneiden.

4 Das gedünstete Gemüse und in eine Schüssel geben und mit dem Parmesan, der Butter, dem Eigelb, dem Paniermehl und dem Rosmarin mischen. Die Mischung mit Salz und Pfeffer würzen und die Fische damit füllen. Einen Bogen Backpapier einfetten, einen Dämpfeinsatz damit auslegen und die gefüllten Rotbarbenfilets und den Sellerie daraufgeben. Den Dämpfeinsatz in einen Topf mit wenig Wasser stellen und die Filets mit dem Sellerie zugedeckt über dem heißen Dampf 8 bis 10 Minuten garen.

5 Das Safranpüree in tiefen Tellern anrichten, die gefüllten Rotbarben und den Sellerie daraufgeben und nach Belieben mit Rosmarinzweigen garniert servieren.

Wolfsbarsch
auf Kartoffeln und Oliven

Schlemmerei aus dem Ofen: Auf Fisch mit Kartoffeln und Oliven
sind nicht nur Fans der mediterranen Küche ganz heiß

Zutaten

400 g kleine festkochende
Kartoffeln · 4 Schalotten

12 junge Knoblauchzehen

80 g geräucherter Schinken
(in Scheiben)

50 g schwarze Oliven
(entsteint)

Salz · Pfeffer aus der Mühle

3 EL Olivenöl

100 ml trockener Weißwein

400 g Wolfsbarschfilet
(Loup de Mer; ohne Haut)

Zubereitung
FÜR 2 PERSONEN

1 Den Backofen auf 180 °C vorheizen. Die Kartoffeln schälen, waschen und in schmale Spalten schneiden. Die Schalotten schälen und vierteln. Den Knoblauch schälen. Den Schinken in feine Streifen schneiden.

2 Die Kartoffeln, die Schalotten, die Knoblauchzehen, den Schinken und die Oliven in eine ofenfeste Form geben, mit Salz und Pfeffer würzen. Das Olivenöl und den Wein dazugießen und alles gut durchmischen. Das Gemüse im Ofen auf der mittleren Schiene etwa 25 Minuten garen. Dabei zwischendurch immer wieder durchrühren.

3 Das Wolfsbarschfilet waschen, trocken tupfen und in 6 gleich große Stücke teilen. Die Filetstücke mit Salz und Pfeffer würzen, auf das Gemüse in die ofenfeste Form legen und mit dem Gemüse im Ofen weitere 6 bis 8 Minuten garen. Den Wolfsbarsch mit dem Gemüse servieren.

Tipp

Wer mag, kann den Schinken durch Sardellenfilets ersetzen. Wolfsbarsch gehört zu den begehrtesten Fischen in der feinen Küche. Eine preisgünstigere Alternative ist Kabeljau oder Pangasius.

Wallergröstl
mit Kartoffeln und Möhren

Für kulinarische Trophäensammler: Mit diesem deftigen Pfannengericht landet man auch bei Flachlandtirolern einen Volltreffer

Zutaten

400 g gegarte festkochende
Kartoffeln (vom Vortag)

2 Möhren

4 EL Butterschmalz

Salz

½ Bund Petersilie

300 g Wallerfilet (mit Haut)

Pfeffer aus der Mühle

1 Zwiebel

je 1 TL Pfefferkörner und
Wacholderbeeren

Zubereitung

FÜR 4 PERSONEN

1 Die Kartoffeln pellen und in Scheiben schneiden. Die Möhren putzen, schälen und ebenfalls in Scheiben schneiden. In zwei großen Pfannen 2 EL Butterschmalz erhitzen und die Kartoffel- und Möhrenscheiben darin auf einer Seite bei schwacher bis mittlerer Hitze etwa 10 Minuten langsam goldbraun braten.

2 Dann wenden und auch die andere Seite knusprig braten, mit Salz würzen. Die Petersilie waschen, trocken schütteln, die Blätter von den Stielen zupfen und grob hacken.

3 Inzwischen das Wallerfilet waschen, mit Küchenpapier trocken tupfen und in mundgerechte Stücke schneiden. Die Fischstücke mit Salz und Pfeffer würzen. Die Zwiebel schälen und in Streifen schneiden.

4 Das restliche Butterschmalz in einer Pfanne erhitzen und die Zwiebelstreifen darin andünsten. Die Pfefferkörner und Wacholderbeeren andrücken und in die Pfanne geben. Die Zwiebeln an den Rand der Pfanne schieben. Die Fischstücke mit der Hautseite nach unten in die Pfanne geben und im verbliebenen Bratfett 1 bis 2 Minuten braten. Dann vorsichtig wenden und nochmals etwa 1 Minute durchziehen lassen.

5 Den Fisch mit den Zwiebelstreifen zu den Bratkartoffeln und Möhren geben und alles nochmals kurz anbraten. Die Petersilie unter das Gröstl mischen und servieren.

Tipp

Gröstl ist ein traditionelles Resteessen, wenn vom Vortag einiges übrig geblieben ist. Statt Waller kann man auch ein anderes festfleischiges Fischfilet wie z.B. Heilbutt oder Pangasius verwenden.

Kartoffel-Lachs-Auflauf
mit Fenchel und Brotkruste

Zutaten

500 g junge Kartoffeln · Salz

400 g Fenchelknollen

1 Knoblauchzehe

2 Zwiebeln · 6 EL Öl

150 ml trockener Weißwein

1 Prise Safranpulver

Pfeffer aus der Mühle

2 rote Chilischoten

Saft von 1 Zitrone

600 g Lachsfilet (ohne Haut)

Fett für die Form

300 g Sahne

100 g geriebener Parmesan

100 g Toastbrot

Zubereitung
FÜR 4 PERSONEN

1 Die Kartoffeln gut abbürsten, waschen, in Scheiben hobeln und in kochendem Salzwasser 8 Minuten garen. Abgießen, abtropfen lassen.

2 Fenchel putzen und waschen. Knoblauch und Zwiebeln schälen. Fenchel und Zwiebeln in feine Streifen, Knoblauch in feine Würfel schneiden. Fenchel und Zwiebeln in 3 EL Öl etwa 5 Minuten dünsten. Knoblauch, Wein und Safran dazugeben und weitere 5 Minuten köcheln lassen. Salzen und pfeffern. Für die Marinade Chilischoten längs halbieren, entkernen, waschen, hacken und mit dem Zitronensaft verrühren. Lachsfilet waschen, trocken tupfen, in 2 cm große Stücke schneiden und in der Marinade wenden. Würzen.

3 Backofen auf 200 °C vorheizen. Eine ofenfeste Form einfetten und den Fenchel hineingeben. Sahne mit 50 g Parmesan verrühren, darübergießen. Lachs und Kartoffeln daraufschichten, mit 2 EL Öl beträufeln, salzen und pfeffern. Im Ofen auf der mittleren Schiene 20 bis 25 Minuten backen. Toastbrot im Küchenmixer zerkleinern, mit dem restlichen Käse mischen und auf dem Auflauf verteilen. Mit 1 EL Öl beträufeln und 10 bis 15 Minuten knusprig backen.

Hackfleischauflauf
mit Erbsen und Kartoffelpüree

Zutaten

600 g mehlig kochende
Kartoffeln · Salz

150 g Erbsen (tiefgekühlt)

2 Möhren

Fett für die Form

1 Zwiebel · 2 EL Öl

600 g gemischtes Hackfleisch

1 EL Tomatenmark

50–100 ml Gemüsebrühe

2 EL Butter · 50 ml heiße Milch

Pfeffer aus der Mühle

frisch geriebene Muskatnuss

150 g Cheddar (am Stück)

Zubereitung
FÜR 4 PERSONEN

1   Die Kartoffeln schälen, waschen und in kochendem Salzwasser weich garen. Die Erbsen auftauen lassen. Die Möhren putzen, schälen und
in kleine Würfel schneiden. In kochendem
Salzwasser etwa 8 Minuten blanchieren. In
ein Sieb abgießen und abtropfen lassen.

2   Eine ofenfeste Form einfetten. Die Zwiebel
schälen und in feine Würfel schneiden. Das Öl
in einem Topf erhitzen und das Hackfleisch
darin unter Rühren krümelig braten. Die Zwiebelwürfel hinzufügen und kurz mitbraten.

3   Das Tomatenmark unterrühren und die Brühe
dazugießen. Die Erbsen und die Möhrenwürfel
hinzufügen und alles 5 bis 10 Minuten zugedeckt köcheln lassen. Das Hackfleisch mit dem
Gemüse in die Form füllen.

4   Den Backofen auf 200 °C vorheizen. Die Kartoffeln abgießen, mit dem Kartoffelstampfer zerdrücken und mit der Butter und der Milch zu
einem Püree verarbeiten. Mit Salz, Pfeffer und
Muskatnuss würzen. Das Kartoffelpüree auf dem
Hackfleisch verteilen, den Käse fein darüberreiben und den Auflauf im Ofen auf der mittleren Schiene 15 bis 20 Minuten überbacken.

Hackfleisch-Kartoffel-Auflauf
mit Pilzen und Mandeln

Gut geschichtet: Wenn dieser Auflauf verführerisch duftend
aus dem Backofen kommt, geht's garantiert auch am Tisch heiß her

Zutaten

3 Zwiebeln · 2 Möhren

je ½ rote und gelbe

Paprikaschote · 3 Tomaten

250 g Champignons · 2 EL Öl

500 g Lammhackfleisch

Salz · Pfeffer aus der Mühle

Zucker

1 EL getrockneter Oregano

½ TL Zimtpulver

2 EL Tomatenmark

1–2 EL scharfer Senf

3 EL Sahne

400 g vorwiegend fest-
kochende Kartoffeln

Fett für die Form

2 Eier · 250 g Naturjoghurt

frisch geriebene Muskatnuss

150 g Gouda (am Stück)

Mandelblättchen

zum Bestreuen

Zubereitung
FÜR 4 PERSONEN

1   Die Zwiebeln schälen und in feine Würfel schneiden. Die Möhren putzen und schälen, die Paprikahälften entkernen, waschen und alles ebenfalls in kleine Würfel schneiden. Die Tomaten überbrühen, häuten, vierteln, entkernen und in kleine Würfel schneiden. Die Champignons putzen, trocken abreiben und in Scheiben schneiden.

2   Das Öl in einem Topf erhitzen und die Zwiebelwürfel darin glasig dünsten. Das Hackfleisch dazugeben und unter Rühren krümelig braten. Möhren, Paprika und Champignons hinzufügen und mitbraten. Mit Salz, Pfeffer, 1 Prise Zucker, Oregano und Zimt würzen. Die Tomatenwürfel dazugeben und das Tomatenmark, den Senf und die Sahne unterrühren. Alles zugedeckt bei mittlerer Hitze 10 bis 15 Minuten dünsten.

3   Den Backofen auf 200 °C vorheizen. Die Kartoffeln schälen, waschen und in feine Scheiben hobeln. Eine ofenfeste Form einfetten. Abwechselnd Hackfleisch-Gemüse-Mischung und Kartoffeln in die Form schichten und mit einer Lage Kartoffeln abschließen.

4   Die Eier mit dem Joghurt verrühren, mit Salz, Pfeffer und Muskatnuss würzen und über den Auflauf gießen. Den Käse darüberreiben und den Auflauf im Ofen auf der mittleren Schiene 35 Minuten backen. Dann mit den Mandelblättchen bestreuen und etwa 15 weitere Minuten backen.

Lammkarree
mit Kartoffel-Birnen-Gratin

Festlich gedeckt: Feines Lamm und ein fruchtiges Gratin
sorgen bei Ihren Gästen mit Sicherheit für Ahs und Ohs

Zutaten

400 g festkochende Kartoffeln

1 Birne

2 Zweige Rosmarin

ca. 250 g Sahne

2 EL Crème fraîche

Salz · Pfeffer aus der Mühle

500 g Lammkarree

(küchenfertig)

2 EL Olivenöl

Balsamicocreme für die Deko

Zubereitung

FÜR 2 PERSONEN

1 Die Kartoffeln schälen, waschen und in dünne Scheiben schneiden oder hobeln. Die Birne waschen, halbieren und das Kerngehäuse entfernen. Die Birnenhälften in dünne Spalten schneiden. Die Kartoffeln und die Birnen abwechselnd fächerförmig in zwei kleine ofenfeste Formen schichten.

2 Den Backofen auf 180 °C vorheizen. Das Ofengitter auf die mittlere Schiene und darunter ein Abtropfblech schieben. Den Rosmarin waschen und trocken schütteln. Die Sahne in einem Topf mit der Crème fraîche verrühren, den Rosmarin hinzufügen und die Mischung erhitzen. Vom Herd nehmen und noch etwas ziehen lassen. Mit Salz und Pfeffer würzen, den Rosmarin wieder entfernen und den Guss über die Kartoffel- und Birnenscheiben gießen, sie sollten knapp bedeckt sein. Das Gratin auf das Ofengitter stellen und im Ofen etwa 30 Minuten goldbraun backen.

3 Inzwischen das Lammkarree waschen und trocken tupfen. Das Olivenöl in einer Pfanne erhitzen und das Fleisch darin rundum anbraten. Zu dem Gratin auf das Ofengitter stellen und im Ofen 15 bis 20 Minuten rosa garen.

4 Das Lammkarree herausnehmen, mit Salz und Pfeffer würzen und in Koteletts schneiden. Mit dem Kartoffel-Birnen-Gratin und nach Belieben mit grünen Bohnen und geschmorten Cocktailtomaten (siehe Tipp) anrichten. Mit etwas Balsamicocreme garniert servieren.

Tipp

Für die geschmorten Tomaten 8 Cocktailtomaten an der Rispe in eine ofenfeste Form geben. Mit etwas Olivenöl beträufeln, mit Meersalz bestreuen und im Ofen bei 180 °C Oberhitze 5 bis 10 Minuten schmoren.

Pfeffersteak
mit Kartoffelpüree

Wo der Pfeffer wächst: Das saftige Steak in pikanter Hülle
wird mit dem deftigen Kartoffelpüree perfekt kombiniert

Zutaten

500 g mehlig kochende
Kartoffeln · Salz

1/2 TL ganzer Kümmel

ca. 1/8 l Milch

1 EL Butter

1 EL flüssige Butter

80 g geräucherter Speck
(in Scheiben)

frisch geriebene Muskatnuss

2 EL Pfefferkörner

2 Rinderfiletsteaks
(à ca. 150 g)

2 EL Öl

Zubereitung
FÜR 2 PERSONEN

1 Die Kartoffeln waschen und in der Schale in kochendem Salzwasser mit dem Kümmel weich garen. Abgießen, nur kurz ausdampfen lassen, pellen und möglichst heiß durch die Kartoffelpresse in eine Schüssel drücken.

2 Die Milch in einem Topf erhitzen und kochend heiß nach und nach mit dem Kochlöffel unter die Kartoffelmasse rühren. Die Butter und die flüssige Butter hinzufügen und alles zu einem geschmeidigen Püree verrühren. Den Speck in kleine Würfel schneiden und in einer unbeschichteten Pfanne ohne Fett knusprig braten. Unter das Püree mischen und mit Salz und Muskatnuss würzen.

3 Die Pfefferkörner grob zerstoßen und die Steaks darin wenden. Das Öl in einer Pfanne erhitzen und die Steaks darin bei mittlerer Hitze auf beiden Seiten je nach Geschmack jeweils 2 bis 4 Minuten braten. Mit Salz würzen und mit dem Püree auf Tellern anrichten. Nach Belieben mit Rosmarinzweigen garniert servieren.

Tipp

Zum Rühren des Pürees einen Kochlöffel verwenden – so wird es schön locker. Kartoffelpüree-Variationen: Mischen Sie doch auch einmal Endivienstreifen, Birnen- oder Apfelwürfel unter das Püree.

Kartoffel-Pie
mit Rindfleisch und Lauch

Zutaten

1 kg mehlig kochende
Kartoffeln · Salz

2 EL Speisestärke

1 Ei · 2 EL saure Sahne

frisch geriebene Muskatnuss

Fett für die Form

300 g gegarter Rinderbraten
(vom Vortag)

2 Zwiebeln

je 1 Stange Staudensellerie
und Lauch

$\frac{1}{8}$ l Bratensauce (vom Vortag;
ersatzweise Fertigprodukt)

1 Eigelb

Zubereitung
FÜR 1 PIEFORM

1 Die Kartoffeln waschen und in der Schale in
kochendem Salzwasser weich garen. Abgießen,
ausdampfen lassen, pellen und möglichst heiß
durch die Kartoffelpresse in eine Schüssel
drücken. Abkühlen lassen. Mit Stärke, Ei und
saurer Sahne zu einer geschmeidigen Masse
verarbeiten, mit Salz und Muskatnuss würzen.

2 Eine Pie- oder Springform (24 cm Durchmesser)
einfetten und mit zwei Drittel des Teigs aus-
kleiden, dabei einen etwa 3 cm hohen Rand
formen. Den Backofen auf 180 °C vorheizen.

3 Für die Füllung das Fleisch in Würfel schneiden.
Die Zwiebeln schälen und in Ringe schneiden.
Den Sellerie und den Lauch putzen, waschen
und in kleine Stücke schneiden. Das Gemüse mit
dem Rindfleisch mischen, in die Form füllen
und mit der Bratensauce übergießen.

4 Restlichen Kartoffelteig zwischen zwei Lagen
Frischhaltefolie ausrollen und als Deckel auf
die Pie legen, Ränder gut andrücken. Den Deckel mit verquirltem Eigelb bestreichen und die
Pie im Ofen auf der mittleren Schiene 30 bis
40 Minuten backen. In der Form servieren.

Tiroler Gröstl

mit Speck und Tomaten

Zutaten

700 g gegarte festkochende
Kartoffeln (vom Vortag)

300 g gekochtes Rindfleisch

100 g durchwachsener Räucher-
speck (in Scheiben)

2 Zwiebeln

3 EL Butterschmalz

Salz · Pfeffer aus der Mühle

$1/2$ TL Paprikapulver (edelsüß)

2 TL gehackter Majoran

150 g Cocktailtomaten

Majoranblätter für die Deko

Zubereitung

FÜR 4 PERSONEN

1 Die Kartoffeln pellen und in Scheiben schneiden. Das Rindfleisch und den Speck in Streifen
schneiden. Die Zwiebeln schälen und ebenfalls
in Streifen schneiden.

2 In einer großen Pfanne 2 EL Butterschmalz
erhitzen und Speck und Zwiebeln darin kurz
anbraten. Aus der Pfanne nehmen und beiseitestellen. Das restliche Butterschmalz in der
Pfanne erhitzen und die Kartoffeln darin bei
mittlerer Hitze etwa 10 Minuten knusprig
braun braten, dabei gelegentlich wenden.

3 Die Kartoffeln mit Salz, Pfeffer, Paprika und
Majoran würzen. Die Speck-Zwiebel-Mischung
und das Rindfleisch untermischen und alles
weitere 5 Minuten braten.

4 Die Cocktailtomaten waschen, halbieren und
zum Schluss unter das Gröstl rühren. Nochmals
mit den Gewürzen abschmecken und mit Majo-
ranblättern bestreut servieren.

Rezeptregister

Impressum

© Verlag Zabert Sandmann GmbH, München

1. Auflage 2009

ISBN 978-3-89883-238-0

Grafische Gestaltung: Georg Feigl
Rezepte: ZS-Team
Redaktion: Alexandra Schlinz, Gerti Köhn
Herstellung: Karin Mayer, Peter Karg-Cordes
Lithografie: Christine Rühmer
Druck & Bindung in Italien

Bildnachweis

Umschlagfotos: Martina Görlach (Vorderseite); StockFood/Susie Eising (Rückseite oben und Mitte); StockFood/Foodcollection (Rückseite unten)

W. Cimbal: 8, 9; StockFood/Aurora Photos S.L.: 2–3; StockFood/I. Bagwell: 23; StockFood/U. Bender: 35, 92; StockFood/H. Bischof: 38; StockFood/O. Brachat: 46; StockFood/M. Brauner: 7 (4), 81; StockFood/J. Cazals: 26, 61, 87; StockFood/N. Coipeau: 53; StockFood/C. Cooke: 93; StockFood/Creative Imagery: 6 links; StockFood/A. Deimling-Ostrinsky: 7 (7); StockFood/T. DeSanto: 7 (2); StockFood/S. Eising: 10–11, 21, 31, 40–41, 43, 49, 59, 74, 77, 85, 86, 101, 102–103, 109, 113, 123; StockFood/L. Ellert: 22; StockFood/M. O. Finley: 47; StockFood/food art factory: 27; StockFood/Foodcollection: 75, 89, 99, 107, 125, 126, 127; StockFood/FoodPhotography Eising: 1, 7 (3, 6), 13, 19, 25, 32, 33, 37, 39, 45, 52, 57, 58, 65, 66, 68–69, 71, 73, 79, 83, 95, 105, 111, 117, 118, 121; StockFood/I. Garlick: 91; StockFood/Kröger/Gross: 6 (1); StockFood/Studio Lipov: 51; StockFood/L. Lister: 115, 119; StockFood/D. Loftus: 15; StockFood/Picture Box/Luna: 97; StockFood/B. Lutterbeck: 67; StockFood/R. Marcialis: 55; StockFood/K. Mewes: 17; StockFood/A. Plewinski: 29, 108; StockFood/G. Seper: 63; StockFood/Teubner Foodfoto: 80; StockFood/M. Urban: 4–5; StockFood/B. Wegner: 7 (5); StockFood/B. Winkelmann: 16; StockFood/T. Zonev: 62